Robert Bunsen, Henry Enfield Roscoe

Photochemische Untersuchungen

Band 2

Robert Bunsen, Henry Enfield Roscoe

Photochemische Untersuchungen
Band 2

ISBN/EAN: 9783743343573

Hergestellt in Europa, USA, Kanada, Australien, Japan

Cover: Foto ©ninafisch / pixelio.de

Manufactured and distributed by brebook publishing software (www.brebook.com)

Robert Bunsen, Henry Enfield Roscoe

Photochemische Untersuchungen

Vierte Abhandlung.

Pogg. Ann. B. 101 S. 235—263.

Optische und chemische Extinction der Strahlen.

[235] Zur Entscheidung der Frage, ob bei dem Acte der photochemischen Verbindung eine Arbeit geleistet werde, für welche eine äquivalente Menge Licht verschwindet, oder ob es sich dabei gleichsam nur um eine Auslösung handele, welche durch die chemischen Strahlen ohne merklichen Lichtverbrauch vermittelt wird, müssen wir zunächst etwas näher auf die Erscheinungen eingehen, welche an der Grenze und im Innern eines von chemisch wirksamen Lichtbestandtheilen durchstrahlten Mediums stattfinden.

Es ist bekannt, dass viele Körper die chemischen Strahlen mehr oder weniger leicht durch sich hindurchlassen, andere sie fast ganz auslöschen. Zu den ersteren, welche man diachemane nennen kann, gehören fast alle farblosen oder blau und violett gefärbten; zu den letzteren, den achemanen, die meisten undurchsichtigen gelb oder roth gefärbten Medien. Obgleich Bezeichnungen, wie »diatherman« und »atherman«, »diacheman« und »acheman«, nur relative, ohne scharfe Grenzen ineinander übergehende Unterschiede ein und derselben Erscheinung ausdrücken, und daher nicht als streng wissenschaftliche Unterscheidungen gelten können, so haben wir doch keinen Anstand genommen, sie zur Vermeidung einer weitläufigeren Ausdrucksweise beizubehalten.

Durchstrahlt das Licht eine photochemisch nicht afficirbare Körperschicht, so wird ein Theil der Strahlen ausgelöscht und dafür eine äquivalente Menge Wärme erzeugt.

Nennt man J_0 die Menge des Lichtes bei dem Eintritt in die Schicht und J die bei dem Austritt noch übrig gebliebene [236]

Menge, und nimmt man an, dass die Extinction der Lichtstärke proportional erfolgt, so ist

$$aJ_0 = J,$$

worin a eine Constante bedeutet, welche angiebt, der wievielste Theil der ursprünglichen Lichtmenge nach der Durchstrahlung noch übrig geblieben ist. Hat die auf aJ_0 herabgesunkene Lichtmenge eine zweite Schicht, welcher der Coëfficient a_1 zukommt, durchstrahlt, so wird die Lichtmenge aa_1J_0, nach Durchstrahlung der dritten Schicht $aa_1a_2J_0$ u. s. w. Aendert man die Reihenfolge der Schichten, so ist damit nur die Ordnung der Factoren aa_1a_2 geändert, ohne dass die Lichtmenge $aa_1a_2J_0$ eine andere wird. Es ist daher für die Menge der durchgelassenen Strahlen in Beziehung auf deren Absorption völlig gleichgültig, in welcher Ordnung man die zwischen Lichtquelle und Messinstrument eingeschalteten absorbirenden Medien anwendet.

Um den Beweis zu führen, dass die Extinction der chemisch wirkenden Strahlen wirklich ihrer Intensität proportional erfolgt, haben wir folgenden Weg eingeschlagen:

Die von einer constant erhaltenen Lichtquelle ausgehenden Strahlen wurden vor und nach ihrem Durchgange durch einen mit trockenem Chlor gefüllten Durchstrahlungscylinder gemessen. Wenn die Lichtmenge J_0 den Weg durch die erste Glasplatte des Cylinders zurückgelegt hat, so wird sie aJ_0, nach Durchstrahlung des Chlors wird sie abJ_0 und nach Durchstrahlung der zweiten Glasplatte aba_1J_0. Für die durchgelassene Lichtmenge erhält man daher $aa_1bJ_0 = J$ oder

$$aa_1b = \frac{J}{J_0}.$$

Bestimmt man daher für verschiedene Lichtmengen J_0 die durch den Chlorcylinder hindurchgelassene Lichtmenge J, und ergiebt der Quotient $\frac{J}{J_0}$ stets denselben Werth, so darf die Proportionalität des auffallenden Lichts mit dem durchgelassenen als bewiesen angesehen werden.

Die folgenden Versuche zeigen diese Gleichheit des Quotienten $\frac{J}{J_0}$ für Lichtmengen von 1 bis 1,9.

Versuchsreihe I.

No. der Versuche.	1.	2.	3.	4.	5.	6.	7.	8.
J_0	13,52	13,20	12,85	13,51	7,21	8,31	12,39	12,51
J	3,63	3,63	3,79	3,79	2,11	2,44	3,69	3,69

Die Rechnung giebt für $\dfrac{J}{J_0}$:

No. des Versuchs.	$\dfrac{J}{J_0}$	Abweichung vom Mittel.	Relative Lichtstärke.
1.	0,267	— 0,019	1,875
2.	0,275	— 0,011	1,830
3.	0,295	+ 0,009	1,782
4.	0,281	— 0,005	1,874
5.	0,293	+ 0,007	1,000
6.	0,293	+ 0,007	1,156
7.	0,298	+ 0,012	1,716
8.	0,287	+ 0,001	1,771
Mittel	0,286.		

Aus der durch diese Versuche nachgewiesenen Thatsache, dass die chemisch wirkenden Strahlen ihrer Intensität proportional absorbirt werden, lässt sich das allgemeine Gesetz für die optische und chemische Extinction in durchsichtigen Medien herleiten. Denn da die Menge der chemischen Strahlen, welche in einer Schicht von endlicher Dicke absorbirt werden, der Menge der auffallenden Strahlen proportional ist, so darf man auch annehmen, dass für eine unendlich dünne Schicht dasselbe Gesetz gilt. Geht man von dieser Annahme aus und nennt man J_0 die Lichtintensität vor der Durchstrahlung, J die Lichtintensität nach Durchstrahlung einer Körperschicht von der Dicke h, und nennt man endlich $\dfrac{1}{\alpha}$ die Dicke der Körperschicht, nach deren Durchstrahlung die Intensität der einfallenden Strahlen auf $\tfrac{1}{10}$ herabgesunken ist, so hat man zwischen der durchgelassenen Lichtmenge J und der Dicke der durchstrahlten Schicht die Gleichung:

$$(2)\quad J = J_0 \cdot 10^{-h\alpha}$$

und daraus

$$\alpha = \frac{1}{h} \cdot \log\left(\frac{J_0}{J}\right).$$

Die Werthe von α für Chlor oder Chlorknallgas können dadurch bestimmt werden, dass man verschieden dicke Schichten der zu untersuchenden Gase von einer constant erhaltenen Lichtquelle aus durchstrahlen lässt und die Intensität des eintretenden und austretenden Lichtes misst. Da die Gase zwischen Plangläsern eingeschlossen sind, so muss auf den Lichtverlust in diesen Plangläsern Rücksicht genommen werden. Dieser Lichtverlust setzt sich aus den von den Grenzflächen der Platten reflectirten Strahlen und aus den im Innern derselben ausgelöschten zusammen.

Es ist für unsere Zwecke von Wichtigkeit, den Antheil des verlorenen Lichts, welcher auf Rechnung dieser reflectirten, und denjenigen, welcher auf Rechnung der absorbirten Strahlen gesetzt werden muss, zu kennen. Wir haben uns daher zunächst mit dieser Aufgabe zu beschäftigen.

Nennt man J_q die von dem auffallenden Lichte J_0 in das Medium eindringende Lichtmenge, die nach der zurückgelegten Weglänge h noch übrige Lichtmenge J_p und die Weglänge, bei der die ursprünglich eingetretene Lichtmenge J_0 auf $\frac{1}{10}$ durch Extinction vermindert ist, $\frac{1}{\alpha}$, so hat man $J_p = J_q \cdot 10^{-h\alpha}$, worin α eine von der Natur des Mediums abhängige Constante ist, die wir den Extinctionscoëfficienten nennen wollen.

Nur die auf das Medium auffallende Lichtmenge J_0, nicht die in dasselbe eindringende, lässt sich unmittelbar messen. Die letztere kann aber durch Rechnung, namentlich für senkrechte Strahlen leicht, wie folgende Betrachtung zeigt, bestimmt werden. Denkt man sich die Lichtmenge 1 in der Richtung i_1, Fig. 2 Bd. 34. senkrecht auf die Vorderfläche des Mediums AA auffallend, so wird zunächst bei i_1 die Lichtmenge ζ reflectirt und daher nur die Lichtmenge $1-\zeta$ in das Medium eindringen, wo ζ eine Constante bedeutet, die von der Natur und Oberfläche der durchstrahlten Medien abhängt, und die wir den Reflexionscoëfficienten **[239]** nennen wollen. Hat die eingedrungene Lichtmenge $1-\zeta$ die h betragende Länge bis zur zweiten Grenzfläche des Mediums bei i_2 zurückgelegt, so ist ihre Menge infolge der stattgehabten Extinction $(1-\zeta)10^{-h\alpha}$ geworden. Von dieser noch übrigen Lichtmenge wird abermals an der zweiten Grenzfläche der Antheil ζ, also $\zeta(1-\zeta)10^{-h\alpha}$ reflectirt, so dass die noch übrige aus der zweiten Grenzfläche des Mediums austretende Lichtmenge $(1-\zeta)10^{-h\alpha} - \zeta(1-\zeta)10^{-h\alpha}$

oder einfacher $(1-\frac{\varepsilon}{2})^2 10^{-h\alpha}$ beträgt. Sieht man, wie es bei den nachfolgenden Berechnungen unserer Versuche geschehen ist, von den weiteren Reflexionen ab, da dieselben nur verschwindend kleine Fehler zur Folge haben, so hat man zwischen der auffallenden Lichtmenge J_0 und der durchgelassenen J die Gleichung

$$\frac{J}{J_0} = (1-\frac{\varepsilon}{2})^2 10^{-h\alpha}$$

und ebenso für J', J_0' und h_1

$$\frac{J}{J_0'} = (1-\frac{\varepsilon}{2})^2 10^{-h_1\alpha}$$

und daraus

$$(3) \quad \alpha = \frac{1}{h_1 - h} \cdot \log\left(\frac{J J_0'}{J_0 J'}\right)$$

$$(4) \quad \frac{\varepsilon}{2} = 1 - \sqrt{(\text{num log} = h\alpha)\frac{J}{J_0}}.$$

Mit Hülfe dieser Formeln haben wir die bei unseren späteren Versuchen unentbehrlichen Werthe von α und $\frac{\varepsilon}{2}$ für Crownglas ermittelt, indem wir durch Versuche die durchgelassenen chemischen Strahlen für zwei Glasplatten bestimmten, von denen die eine sehr dünn und die andere erheblich dicker war. Die folgenden Versuche lieferten die Elemente für diese Berechnung. J_0 ist die durch unser Instrument (*Pogg.* Ann. Bd. 100, S. 51) gemessene Lichtmenge vor Einschaltung der Glasplatte, J die Lichtmenge nach Einschaltung derselben, und h die Dicke der benutzten Glasplatten in Millimetern gemessen.

Versuchsreihe II.

No. der Versuche.	1.	2.	3.
J_0	19,85	18,42	19,09
J	13,96	13,14	17,21
h	$17^{mm},1$	$17^{mm},1$	$0^{mm},30.$

Aus Versuch 1 und 3 ergiebt sich für α der Werth 0,00642, und aus Versuch (2) und (3) 0,00605, oder im Mittel 0,00623. Versuch 1) giebt für $\frac{\varepsilon}{2}$ den Werth 0,0520, Versuch (2) 0,0452, Versuch (3) 0,0485, also im Mittel 0,0486. Aus diesen Resultaten folgt daher,

1. dass von chemischen Strahlen, die aus einer Steinkohlengasflamme stammen und die senkrecht auf eine polirte Crownglasplatte fallen, durch die erste Reflexion 4,86 Proc. verloren gehen;
2. dass von Strahlen, die von derselben Lichtquelle ausgehen, $\frac{2}{10}$ ausgelöscht werden, wenn sie im Crownglase eine Weglänge von 160,5 mm zurückgelegt haben.

Die dünnste der von uns benutzten Glasplatten hatte nur eine Dicke von $h = 0,3^{mm}$. Die in dieselbe eintretende Lichtmenge 1 wird nach Zurücklegung dieses Weges $0,3^{mm}$ von 1 auf $10^{-0,3 \cdot 0,00623} = 0,9957$ vermindert.

Es gehen unter diesen Umständen durch Extinction nur 0,43 Proc. Licht, mithin eine Menge verloren, welche noch unterhalb der unvermeidlichen Beobachtungsfehler liegt. Man kann daher, ohne einen erheblichen Fehler zu begehen, für $h = 0,3$ auch 0 setzen. Die Formel (2) geht dann über in:

$$5) \quad (1 - \frac{z}{z})^2 = \frac{J}{J_0} \quad \text{oder} \quad \frac{z}{z} = 1 - \sqrt{\frac{J}{J_0}}.$$

Der mit Hülfe dieser Formel aus (3) der Versuchsreihe I berechnete Werth von $\frac{z}{z}$ ist 0,0506, also sehr nahe mit dem oben gefundenen Mittelwerthe 0,0486 übereinstimmend. Wir halten den Werth 0,0506 für den richtigeren, weil er von den Fehlern der Grösse α unabhängig ist.

241] Da die zur Bestimmung des Extinctionscoëfficienten α benutzte dicke Glasplatte etwas dunkel gefärbt und von Schlieren und Luftblasen durchzogen war, so stand zu erwarten, dass die von diesen Fehlern freien Glasplatten unserer Durchstrahlungscylinder einen viel geringeren Werth für α geben würden.

Folgende Versuche zeigen in der That, dass die von den bei unseren späteren Versuchen benutzten $4,7^{mm}$ dicken Platten durchgelassene Lichtmenge eben so gross erhalten wird, als die durch eine Platte von $0,3^{mm}$ hindurchgehende, woraus sich ergiebt, dass der Extinctionscoëfficient unserer Deckplatten so klein war, dass man, ohne einen merklichen Fehler zu begehen, das Product $\alpha \cdot 4,7$ in der Formel (2) gleich 0 setzen, oder, mit anderen Worten, die Auslöschung im Innern der Glasplatten ganz vernachlässigen kann.

Versuchsreihe III.

No. der Vers.	1.	2.	3.	4.	5.	6.
J_0	9,58	8,88	9,91	10,36	11,87	11,91
J	8,62	7,99	8,97	9,25	10,85	10,66
h	$0^{mm},30$	4,70	4,70	4,70	4,70	4,70
ζ	0,0514	0,0514	0,0487	0,0552	0,0439	0,0540

Die letzte Horizontalcolumne giebt den nach Formel (5) aus den Versuchen berechneten Reflexionscoëfficienten unter der oben gerechtfertigten Voraussetzung, dass keine merkliche Extinction in den Platten stattfand. Das Mittel aus allen Werthen von ζ ist 0,0509. Ist der Reflexionscoëfficient des Glases ζ bekannt, so lässt sich mittelst der aus der Optik bekannten Formel (6) $\frac{1-\zeta}{1+(2n-1)\zeta} = a$ die von n Platten durchgelassene Lichtmenge a berechnen. Führt man diese Rechnung mit dem für ζ gefundenen Mittelwerth 0,0509 aus, so ergiebt sich für diese von zwei Platten durchgelassene Lichtmenge a die Zahl 0,823. Dieser Werth 0,823 bildet ein wichtiges Element bei der Berechnung der Extinctionscoëfficienten. Wir haben es daher nicht für überflüssig gehalten, denselben noch durch weitere Versuche [242] zu controliren. Es wurde zu diesem Zweck eine Reihe von directen Beobachtungen mit unseren durch *zwei* Spiegelplatten geschlossenen Durchstrahlungscylindern angestellt. Bei diesen wie bei unseren später mit denselben Cylindern angestellten Durchstrahlungsversuchen kam es wesentlich auf eine zweckmässige Einstellung der Cylinder im Alignement des Insolationsgefässes und der Aperturen an. Um diese richtige Einstellung zu erhalten, beleuchteten wir das Insolationsgefäss i (Abhandl. II, Fig. 4) von der dem Beschauer des Schirmes bb zugekehrten Seite aus, schalteten die Durchstrahlungsvorrichtungen zwischen die zur Insolation bestimmte Flamme und den Schirm bb so ein, dass, wenn man das Auge an die Stelle der Flamme brachte, das Insolationsgefäss durch Verrückung des Auges nur vom Rande der Schirmapertur und nicht von zwischenliegenden Gegenständen gedeckt wurde. Wendet man den Strahlenkegel einer Convexlinse an, so macht man die Apertur der letzteren kleiner als die des Durchstrahlungscylinders, und rückt beide Aperturen so nahe als möglich zusammen. Unter Beobachtung dieser Vorsichtsmaassregeln wurde die Menge der chemischen Strahlen einer

Steinkohlengasflamme vor und nach Einschaltung unseres durch zwei Glasplatten geschlossenen Durchstrahlungscylinders (Abhandl. II. Fig. 1) bestimmt. Die Versuche und die daraus mit Hülfe der Formel $a_1 = \dfrac{J}{J_0}$ abgeleiteten Werthe von a_1 sind in folgender Tabelle zusammengestellt:

Versuchsreihe IV.

No. der Versuche.	1.	2.	3.	4.	5.	6.
J_0	17,76	17,18	17,66	18,55	11,39	18,37
J	13,41	13,67	13,69	14,19	9,56	15,04
J'_0	15,84	17,76	17,19	18,26	11,37	18,77
Mittel von J_0 und J'_0	16,80	17,47	17,42	18,40	11,38	18,57
a_1	0,798	0,783	0,784	0,788	0,840	0,810

Das Mittel aus diesen Werthen von a_1 ist 0,800 und nur um ein Unerhebliches kleiner als der oben gefundene Werth 0,823. Es ist daher bei unseren späteren Versuchen [243] als der wahrscheinlichste Werth für den Durchlassungscoëfficienten unserer Durchstrahlungscylinder stets das Mittel aus beiden Zahlen, nämlich 0,811 angenommen worden.

Wir haben im Eingange dieses Abschnittes gezeigt, dass, wenn hinter einander folgende Medien durchstrahlt werden, die durchgelassene Menge Licht dieselbe bleibt, in welcher Ordnung solche Medien auch aufeinander folgen mögen, so zwar, dass eine von zwei Glasplatten eingeschlossene Luftschicht genau dieselbe Menge Licht durchlässt, wie wenn sie hinter oder vor den Glasplatten eingeschaltet wäre. Diese Behauptung ist indessen nur unter der stillschweigend angenommenen Voraussetzung richtig, dass sämmtliche Medien gleiche Reflexionscoëfficienten haben. Wenn das Brechungsverhältniss i und also auch der von diesem Verhältniss abhängige Reflexionscoëfficient ϱ nach der Ordnung der aufeinander folgenden Medien verschieden ist, so ändern sich die Werthe von i und ϱ in einem von der Reihenfolge der Medien abhängigen Verhältniss. Es muss daher für jede Anordnung der Medien auf die den einzelnen Trennungsflächen zukommenden Reflexionscoëfficienten Rücksicht genommen werden. Dies wird am besten durch ein Beispiel erhellen. Wir wählen dazu die Bestimmung des Extinctionscoëfficienten des Wassers für chemische Strahlen, von welchem wir sogleich noch weitere Anwendung zu machen haben.

Betrachten wir zunächst die Vorgänge bei der Durchstrahlung zweier mit Luft umgebener Glasplatten GG Fig. 4 von so geringer Dicke, dass sie wie die Platten unserer Durchstrahlungscylinder als vollkommen diacheman betrachtet werden können, so wird die senkrecht von i aus auffallende Lichtmenge 1

nach Durchstrahlung der ersten Oberfläche bei r $\cdots (1-\varrho)$
» » » zweiten » » $r_1 \cdots (1-\varrho)^2$
» » » dritten » » $r_2 \cdots (1-\varrho)^3$
» » » vierten » » $r_3 \cdots (1-\varrho)^4$.

Denkt man sich statt der zwischen den Glasplatten liegenden Luftschicht eine Wasserschicht, so wird der Reflexionscoëfficient [244] zwischen Glas und Wasser bei r_1 und r_2 den von ϱ verschiedenen Werth ϱ_1 annehmen, wodurch die von der Lichtmenge 1 durchgelassene Lichtmenge wird

nach Durchstrahlung der ersten Oberfläche $(1-\varrho)$
» » » zweiten » $1-\varrho \ (1-\varrho_1)$
» » » dritten » $1-\varrho \ (1-\varrho_1)^2$
» » » vierten » $(1-\varrho)^2 (1-\varrho_1)^2$.

Die gesammte durchgelassene Lichtmenge ist nun also $(1-\varrho)^2 (1-\varrho_1)^2$, und zwar muss sie jetzt, da ϱ grösser ist als ϱ_1, grösser sein als in dem Falle, wo sich Luft statt Wasser zwischen den Glasplatten befand.

Ordnet man dieselben Medien in der Ordnung: Luft, Wasser, Glas, Luft, Glas, Luft, und nennt man den Reflexionscoëfficienten für die Grenze

von Luft und Wasser ϱ_2
von Wasser und Glas ϱ_1
von Glas und Luft ϱ,

so zeigt die Wiederholung der oben angestellten Betrachtung, dass die nun durchgelassene Lichtmenge nicht mehr $(1-\varrho)^2 (1-\varrho_1)^2$ bleibt, sondern $1-\varrho_2 \ (1-\varrho_1 \ (1-\varrho)^3$ geworden ist.

Nach diesen Betrachtungen ergiebt sich leicht die Lichtmenge, welche von einer zwischen zwei diachemanen Glasplatten eingeschlossenen Wassersäule hindurchgelassen wird. Es sei ϱ der Reflexionscoëfficient für Luft und Glas, ϱ_1 derselbe für Wasser und Glas, h die Länge der durchstrahlten Wasserschicht, und $\dfrac{1}{\alpha}$ die Weglänge, nach deren Zurücklegung im

Wasser die Wirkung auf $\frac{1}{I_0}$ verringert ist, so wird die Lichtmenge 1

nach der Durchstrahlung der Oberfläche i Fig. 4 . . . . $(1-\varrho)$
nach der Durchstrahlung der Oberfläche i_1 . . . . $(1-\varrho)(1-\varrho_1)$
nach Zurücklegung des Weges h von i_1 bis i_2 . . . . $(1-\varrho)(1-\varrho_1)10^{-h\alpha}$
nach dem Durchgange durch i_2 . . $(1-\varrho)(1-\varrho_1)^2 10^{-h\alpha}$
nach dem Durchgange durch i_3 . . $(1-\varrho)^2(1-\varrho_1)^2 10^{-h\alpha}$.

[245] Werden von J_0 auf die Vorderfläche des Systems auffallende Strahlen J durchgelassen, so wird von der Einheit der auffallenden Strahlen $\frac{J}{J_0}$ durchgelassen. Man hat daher

$$(7) \quad \frac{J}{J_0} = (1-\varrho)^2 (1-\varrho_1)^2 \, 10^{-\alpha h}$$

und daraus

$$(8) \quad \alpha = \frac{\log\left[\frac{J}{J_0}(1-\varrho)^2(1-\varrho_1)^2\right]}{h}.$$

Für unsere mit Wasser gefüllten Durchstrahlungscylinder ist $\varrho = 0{,}0509$ und ϱ_1 aus dem Brechungsverhältniss von Crownglas und Wasser $i = 1{,}1718$ mit Hülfe der Formel $\varrho_1 = \left(\frac{1-i}{1+i}\right)^2$ berechnet $= 0{,}006257$. Bei einem Versuch mit Wassersäulen von der Länge h gaben die Beobachtungen mit unserem Instrumente folgende Werthe für J_0 (ohne eingeschalteten Wassercylinder) und für J (mit eingeschaltetem Wassercylinder), aus denen die in der letzten Horizontalspalte aufgeführten Werthe von α berechnet sind.

Versuchsreihe V.

No. der Versuche	1.	2.	3.	4.
J_0	16,08	16,08	16,08	10,23
J	13,76	13,99	13,57	8,99
h	$8^{mm},38$	11,8	27,0	17,3
α	0,0002	0,0008	0,0008	0,0003.

Man sieht daher aus den verschwindend kleinen Werthen von a, dass der Extinctionscoëfficient für die benutzten chemischen Strahlen, so weit die Genauigkeit der Beobachtungen reicht, in Wassersäulen bis zu 80^{mm} Länge gleich 0 gesetzt werden kann, und dass mithin der Factor 10^{-ah} in Formel 7) für $a = 0$ den Werth 1 annimmt.

Nach dieser Methode lässt sich der Reflexionscoëfficient aller durchsichtigen Flüssigkeiten für chemische Strahlen näherungsweise bestimmen. Man bringt zu diesem Zwecke einen Tropfen derselben zwischen zwei Spiegelplatten, deren [246] Reflexionscoëfficient ϱ zuvor bestimmt ist, und misst die Intensität der chemischen Strahlen vor und nach Einschaltung dieses auf seiner Berührungsfläche benetzten Plattenpaares. Substituirt man die so gefundenen Werthe J_0 und J in die Formel (7), so erhält man, da h oder die Dicke der Flüssigkeitsschicht zwischen den Platten als unendlich klein betrachtet werden kann, für den Factor 10^{-ah} den Werth 1 und für den Reflexionscoëfficienten der Flüssigkeit ϱ_1

$$\varrho_1 = \frac{1 - \sqrt{\frac{J}{J_0}} - \varrho}{1 - \varrho}.$$

Wie schon angeführt, besteht zwischen dem Reflexionscoëfficienten ϱ und dem Brechungsverhältniss i eine einfache Beziehung, welche durch die Gleichung $\varrho = \left(\frac{1-i}{1+i}\right)^2$ ausgedrückt wird, woraus sich $i = \frac{1 + \sqrt{\varrho}}{1 - \sqrt{\varrho}}$ ergiebt. Substituirt man den oben für Crownglas gefundenen Werth $\varrho = 0{,}0509$ in die Gleichung, so erhält man das Brechungsverhältniss 1,583. Dies Verhältniss auf die den am meisten chemisch wirkenden Strahlen am nächsten liegende *Fraunhofer*'sche Linie H bezogen, wird in *Buff*'s Physik zu 1,5466 und 1,5794 angegeben, also nahe mit dem aus unseren Versuchen berechneten Werthe übereinstimmend.

Auf dieselbe Weise kann man für die chemischen Strahlen einer Lichtquelle den Reflexionscoëfficienten und das Brechungsverhältniss von allen Substanzen bestimmen, die sich in so dünnen Platten herstellen lassen, dass die Auslöschung der chemisch wirkenden Strahlen im Innern der Platte gleich 0 gesetzt werden kann. Wir geben in dieser Beziehung eine mit nordamerikanischem Glimmer ausgeführte Versuchsreihe, von deren Ergebniss wir in einem späteren Theile unserer Untersuchungen noch weiteren Gebrauch zu machen haben.

Es ist oben bemerkt worden, dass die von der Lichtmenge 1 durch n Glasplatten durchgelassene Lichtmenge [247] $a = \frac{J}{J_0}$ (Formel 1) und (6) durch die Gleichung $\frac{J}{J_0} = \frac{1-\varrho}{1+(2n-1)\varrho}$ ausgedrückt werden kann, wo ϱ den Reflexionscoëfficienten des Glases bedeutet. Um zu sehen, ob die Platten im Innern kein Licht absorbiren, in welchem Falle die Formel nicht anwendbar sein würde, genügt es, den Versuch zuerst mit *einer* Platte anzustellen und denselben dann noch einmal mit einer grösseren Anzahl zu wiederholen. Geben beide Versuche denselben Werth für ϱ, so liegt darin der Beweis, dass der störende Einfluss der Lichtextinction im Innern der Platten ein verschwindend kleiner ist und daher vernachlässigt werden kann.

Die folgenden Versuchsreihen sind mit Glimmerplättchen von nur einigen Hundertel Millimeter Dicke, und zwar der erste mit einem und der zweite mit drei Plättchen, angestellt.

Versuchsreihe VI.

A. Mit einer Glimmerplatte.

No. der Versuche	1.	2.	3.	4.
J_0	12,69	12,37	12,83	12,41
J	10,33	10,33	10,17	10,17
$\frac{J}{J_0}$	0,814	0,835	0,793	0,816

Mittel von $\frac{J}{J_0} = 0,8143$

$\varrho = 0,1024$.

B. Mit drei Glimmerplatten.

No. der Versuche	1.	2.	3.	4.
J_0	12,91	13,08	12,89	12,81
J	7,80	7,80	7,65	7,65
$\frac{J}{J_0}$	0,602	0,596	0,596	0,596

Mittel von $\frac{J}{J_0} = 0,5969$

$\varrho = 0,1011$.

Das Mittel der beiden für ϱ gefundenen Werthe ist 0,1017 und giebt, in die Formel $\frac{1+\sqrt{\varrho}}{1-\sqrt{\varrho}} = i$ substituirt, als mittleres Brechungsverhältniss des Glimmers für die chemischen Strahlen einer Steinkohlengasflamme die Zahl 1,936.

Ein anderes bei der Erforschung der photochemischen Extinction unentbehrliches Element bildet das Gesetz, nach welchem der optische Extinctionscoëfficient von der Dichtigkeit des auslöschenden Mediums abhängt. Um für die chemischen Strahlen dieses Gesetz festzustellen, kann man, da das Wasser innerhalb der oben nachgewiesenen ziemlich weiten Grenzen als völlig diacheman zu betrachten ist, gefärbte Lösungen anwenden. Wir benutzten verschieden lange Wassersäulen, die bekannte Mengen einer verdünnten Lösung von gewöhnlicher rother Tinte enthielten. Die folgenden Versuche VII zeigen die Abhängigkeit der ausgelöschten chemischen Strahlen von der Intensität der Färbung des auslöschenden Mediums. J_0 bezeichnet die Menge der chemischen Strahlen vor ihrem Durchgange durch den die Flüssigkeit enthaltenden Cylinder, J die noch übrige Menge nach der Durchstrahlung, $b = \frac{J}{J_0}$ die von der Einheit der in die Flüssigkeit eintretenden Strahlen durchgelassene Menge, h die Länge der durchstrahlten Wassersäule in Millimetern, e die Dichtigkeit der färbenden Substanz, d. h. die in der Wassereinheit enthaltene Menge Farbstoff, und l die durch die Längeneinheit der gefärbten Wassersäule durchgelassenen Lichtmengen.

Versuchsreihe VII.

No. der Versuche	1.	2.	3.
J_0	7,41	8,13	8,22
J	4,28	4,73	4,87
b	0,578	0,582	0,592
h	11^{mm},8	27,4	83,8
e	1,000	0,4306	0,1408
l	0,04895	0,02123	0,00707
$\frac{e}{l}$	0,204	0,203	0,200.

Erwägt man, dass es unmöglich ist, die letzten Spuren im Wasser suspendirter fester Theile zu entfernen, durch welche unabhängig von dem auslöschenden Farbstoff etwas Licht verloren gehen muss, so lässt sich aus dem nahezu gleichen Werthe der Quotienten $\frac{e}{l}$ folgern:

dass sich bei den chemischen Strahlen die absorbirte Lichtmenge proportional mit der Dichtigkeit der färbenden Substanz ändert.

Nach diesen Betrachtungen können wir uns wieder zur Beantwortung der Frage zurückwenden, ob die chemischen Strahlen, indem sie die Verbindung des Chlors mit dem Wasserstoff vermitteln, in einem der gebildeten Salzsäure entsprechenden Verhältnisse verbraucht werden. Zur Lösung dieser Frage war es zunächst nöthig, den Extinctionscoëfficienten des reinen Chlors für Licht von Steinkohlengas durch Versuche zu bestimmen. Das zu dieser Bestimmung benutzte Chlorgas wurde aus chromsaurem Kali und Salzsäure bereitet, sorgfältig gewaschen, getrocknet, und so lange durch die Durchstrahlungscylinder geleitet, bis alle atmosphärische Luft verdrängt war. Jede der in der nachfolgenden Tabelle zusammengestellten Lichtmessungen ist das Mittel aus drei Beobachtungsreihen, von denen die erste ohne eingeschalteten Chlorcylinder, die zweite nach Einschaltung desselben und die dritte wieder ohne Chlorcylinder ausgeführt wurde. Das Mittel der ersten und dritten Beobachtungsreihe gab J_0 oder die Intensität der chemischen Strahlen vor dem Eintritt in den Chlorcylinder, die zweite gab J oder die Intensität nach dem Austritt aus dem Cylinder. h bezeichnet die Länge der durchstrahlten Chlorschicht, P den Druck und t die Temperatur bei der Füllung des Chlorcylinders.

Versuchsreihe VIII.

No. der Versuche	1.	2.	3.	4.
J_0	13,51	10,86	11,12	11,40
J	3,79	3,25	3,23	6,39
h	$83^{mm},8$	83,8	83,8	27,4
P	0,7437	0,7528	0,7528	0,7528
t	$16°,0$ C.	14,3	14,3	14,3.

[250] Die Lichtmenge J_0 ist nicht diejenige, welche in die Chlorschicht eintritt. Derselben ist unseren früheren Beobachtungen zufolge diejenige zu substituiren, welche von J_0 nach Durchstrahlung der *beiden* die Chlorschicht einschliessenden Glasplatten übrig bleibt. J_0 muss daher mit der oben aus

mehreren Versuchsreihen gefundenen Zahl $a_1 = 0,811$ multiplicirt werden, wobei der Unterschied der Reflexionscoëfficienten zwischen Glas und Luft einerseits und Glas und Chlor andererseits als verschwindend klein vernachlässigt worden ist.

Da die Grösse $\frac{1}{\alpha}$, welche nach Formel 2) diejenige von den chemischen Strahlen im Chlorgase zurückgelegte Weglänge bedeutet, nach welchen die anfängliche Intensität auf $\frac{1}{10}$ herabgesunken ist, sich der Versuchsreihe VII zufolge umgekehrt proportional mit der Dichtigkeit des absorbirenden Mediums ändert, so findet man aus den Versuchen VIII den Werth dieser Weglänge $\frac{1}{\alpha}$ für Chlor von 0,76 Druck und 0° C.

$$9) \quad \frac{1}{\alpha} = \frac{hP}{0,76(1 + 0,00366\,t)(\log a J_0 - \log J)}$$

wie folgt:

$$\frac{1}{\alpha}$$
$$168^{mm}$$
$$182$$
$$177$$
$$160$$

Mittel 171,7.

Dieses Mittel 171,7 giebt für den Extinctionscoëfficienten des auf 0 und $0^m,76$ reducirten Chlors bei Anwendung von Steinkohlengaslicht den Werth 0,00582. Es schien uns wichtig, diese Versuche noch ein Mal mit Chlor zu wiederholen, welches mit atmosphärischer Luft in verschiedenen Verhältnissen gemischt war, um Gewissheit darüber zu erlangen, ob sich auch bei dem Chlor der Extinctionscoëfficient proportional mit der Verdünnung ändert. Zu diesem Zwecke wurde das Ableitungsrohr eines mit dem [25] Chlorvolum V bei t^0 und P Druck gefüllten Cylinders (Abhandlung II, Fig. 1), welcher zu den oben mitgetheilten Versuchen gedient hatte, mittels eines Quetschhahns mit einem capillaren Ableitungsrohr versehen, und mit dem Quetschhahn des anderen Zuleitungsrohrs eine Chlorcalciumröhre verbunden. Durch diese Chlorcalciumröhre wurde ein Theil des Gasinhaltes in eine mit Jodkaliumlösung gefüllte Titrirretorte ausgeblasen und dann die Quetschhähne wieder geschlossen. Das aus dem Cylinder ausgelassene, durch Titrirung bestimmte, auf 0 und

0,76 reducirte Chlorvolumen von dem ursprünglich im Cylinder enthaltenen ebenfalls auf 0 und 0,76 reducirten Chlorvolumen V abgezogen, gab das im Cylinder zurückgebliebene mit Luft gemengte, auf 0 und 0,76 reducirte Chlorvolumen V_1. Nennt man H die Länge des Cylinders, gemessen von der innern Fläche der einen Glasplatte bis zu der innern Fläche der anderen, so betrugen die Längen h der im Cylinder enthaltenen auf $0^m,76$ und 0° reducirten Chlorsäulen vor dem Chlorauslassen

$$h = \frac{HP}{0{,}76\,(1+0{,}00366\,t)}, \text{ und nach demselben } h_2 = \frac{V_1}{V} H.$$

Diese verschieden langen Chlorsäulen h und h_2, welche beide auf die Länge H ausgedehnt im Cylinder enthalten waren, wurden zwischen die Lichtquelle und das Insolationsgefäss eingeschaltet und aus der dadurch herbeigeführten Abnahme der Wirkung von J_0 auf J die entsprechenden Werthe von $\frac{1}{\alpha}$, wie wir oben gezeigt haben, berechnet. Es wurde dann abermals Chlor aus dem Cylinder in die Titrirretorte geblasen, die Versuche wiederholt, und dies so lange fortgesetzt, bis der Gesammtinhalt des Cylinders titrirt war. Die Uebereinstimmung der Summe aller aus den einzelnen Titrirungen gefundenen Chlormengen mit der ursprünglich im Cylinder abgemessenen diente als Controle für die Genauigkeit der Titrirungen.

Zur Berechnung der auf 0° und $0^m,76$ reducirten Chlorvolumina c aus den Angaben der Titrirung diente die Formel [252] $c = 88{,}012\, a(n\,t - t_1)$, deren Ableitungen wir früher mitgetheilt haben.

Die Versuche gaben:

Versuchsreihe IX.

1. Rauminhalt des bei 16° C. und $0^m,7153$ mit Chlor gefüllten Cylinders . . . . 190,24 ccm
2. Darin bei 0° und $0^m,76$ enthaltenes Chlor-Volumen . . . . 176,24 »
3. Höhe des Cylinders H . . . . 83,8 mm
4. Länge der auf 0° und $0^m,76$ reducirten . . . 77,63 »

Titrirungselemente des aus dem Cylinder ausgelassenen Chlors.

1te Portion $a = 0{,}001944 \quad t = 43{,}1 \quad t_1 = 16{,}3 \quad n = 7$
2te » $a = 0{,}001944 \quad t = 12{,}5 \quad t_1 = 4{,}4 \quad n = 4$
3te » $a = 0{,}001944 \quad t = 12{,}3 \quad t_1 = 17{,}0 \quad n = 4$
4te » $a = 0{,}001944 \quad t = 12{,}2 \quad t_1 = 2{,}0 \quad n = 10.$

Daraus erhält man für die auf $0°$ und $0^m,76$ reducirten Chlorvolumina:

Ursprüngliches Chlorvolumen im Cylinder	176,24 ccm
Volumen der 1sten ausgelassenen Chlorportion	48,83 »
» » 2ten » »	28,34 »
» » 3ten » »	26,01 »
» » letzten » »	71,86 »
Summe der ausgelassenen Chlorportionen	175,07 »

Das ursprünglich gemessene Chlorvolumen 176,24 stimmt daher so genau, als sich nur immer erwarten lässt, mit dem durch die successiven Titrirungen gefundenen überein.

Aus diesen Zahlen erhält man die Länge h, welche die in dem Cylinder enthaltenen Chlorsäulen gehabt haben würden, wenn sie unvermischt mit Luft bei dem Druck $0^m,76$ gemessen worden wären.

1. Höhe des gesammten Chlors im Cylinder	$77,6^{mm}$
2. Höhe nach Auslassung der 1ten Portion	56,2
3. » » » » 2ten »	43,6
4. » » » » 3ten »	32,2

[253] Die Beobachtungen mit diesen eingeschalteten Chlorsäulen, welche alle auf die Länge von $77^{mm},60$ durch Verdünnung mit Luft ausgedehnt waren, gaben:

Versuchsreihe X.

No. der Versuche	1.	2.	3.	4.	5.	6.
J_0	8,45	10,93	11,13	11,10	11,39	10,65
J	2,53	3,35	4,39	4,15	5,16	5,51
h	$77^{mm},6$	77,6	56,1	56,1	43,6	32,2.

Die aus diesen Zahlen berechneten Werthe von $\dfrac{1}{\alpha}$ sind:

No. der Versuche	$\dfrac{1}{\alpha}$
1.	179^{mm}
2.	184
3.	179
4.	167
5.	172
6.	165
Mittel	174,3.

Dies Mittel stimmt zwar ziemlich genau mit dem oben gefundenen überein, allein die Schwankungen der einzelnen Zahlen sind doch nicht ganz unbedeutend. Der Grund davon liegt nicht sowohl in der Unsicherheit der Methode, als vielmehr auch noch darin, dass die bei den Rechnungen benutzten Formeln streng genommen nur für homogenes Licht Gültigkeit haben, die zu unseren Versuchen benutzten von der Steinkohlengasflamme ausgehenden chemisch wirkenden Strahlen aber gewiss nicht alle gleiche Brechbarkeit gehabt haben werden.

Wenn sich nämlich die von uns gemessene Lichtintensität J_0 aus den verschieden brechbaren Bestandtheilen $J_1 + J_2 + \cdots$ zusammensetzt, so geht die Formel $J = J_0 \, 10^{-h\alpha}$ über in

$$J = J_1 \, 10^{-h\alpha_1} + J_2 \, 10^{-h\alpha_2} + \cdots$$

Unsere hier und in der Folge stets mit Hülfe der ersteren Formel berechneten Zahlen können daher nur einen Durchschnittswerth für die in der Flamme vorherrschenden [254] chemischen Strahlen geben, und müssen erheblicher untereinander abweichen, als es der Fall gewesen sein würde, wenn wir mit homogenem Licht experimentirt hätten.

Das Mittel aus allen in Versuchsreihe VIII und X enthaltenen Bestimmungen giebt als reciproken Werth des optischen Extinctionscoëfficienten des Chlors bei $0°$ C. $0^m,76$ Druck für Strahlen einer Steinkohlengasflamme die Zahl $\dfrac{1}{173,3} = 0,00577$.

Wird kein Licht bei der photochemischen Action verbraucht, so muss dieser Coëfficient auch im durchstrahlten Chlorknallgase unverändert bleiben; geht dagegen ausser der optisch ausgelöschten noch eine der chemischen Action äquivalente Lichtmenge verloren, so muss der Versuch für jenen Coëfficienten einen kleineren Werth ergeben. Im ersteren Falle würde das Licht die chemischen Kräfte nur auslöschen, im letzteren eine Umsetzung in die bei der Verbindung des Wasserstoffs mit dem Chlor geleistete Arbeit erleiden. Es scheint, als ob sich diese Alternative am einfachsten dadurch entscheiden liesse, dass man den Extinctionscoëfficienten des elektrolytischen Chlorknallgases in einem Durchstrahlungscylinder nach der oben bei Chlor befolgten Methode bestimmt; allein man begegnet auf diesem Wege der unüberwindlichen Schwierigkeit, dass man über den Zeitpunkt, wo das zu prüfende Wasserstoffchlorgemisch das zu dem Versuche nöthige Maximum der Lichtempfindlichkeit erlangt hat, in steter Ungewissheit bleibt. Wir haben es daher vorgezogen, den Extinctionscoëfficienten direct aus den chemischen Wirkungen abzuleiten, welche von gleichen Lichtmengen in verschieden langen Schichten des Gasgemisches hervorgebracht werden, und uns dabei des Apparates Fig. 4 bedient, der sich von der in unserer zweiten Abhandlung beschriebenen photometrischen Vorrichtung hauptsächlich nur durch die Einrichtung seines Insolationsgefässes unterscheidet. Dieses Insolationsgefäss iq besteht aus einer ungefähr 250^{mm} langen, 15^{mm} weiten Glasröhre von möglichst gleichförmigem 255 Lumen, die an ihrem vorderen der Lichtquelle zugekehrten Ende i von einer ebenen Fläche begrenzt ist. Das auf die in Abhandlung II, S. 33 angegebene Weise entwickelte Chlorknallgas gelangt durch die seitlich angeschmolzene, vor dem Hahn h eingeschliffene Röhre p in das Insolationsgefäss iv und entweicht durch die ebenfalls seitlich angeblasene, in das Scalenrohr k eingeschliffene Röhre q. Im Insolationsgefäss befindet sich ein halbmondförmiges Diaphragma von schwarzem Glase d, welches an den durch die Kautschuckkappe r luftdicht nach aussen geführten Glasstab i_1 angeschmolzen ist. Indem man diesen Glasstab, der mit einer aufgeätzten Theilung versehen sein kann, hervorzieht oder hineinschiebt, lässt sich die von i aus durchstrahlte Gassäule id beliebig verkürzen oder verlängern. Die Röhre iq enthält so viel Wasser, dass dessen Oberfläche den geradlinigen Abschnitt des Diaphragmas d tangirt, wenn man dieses Diaphragma mittelst des Stiels i_1 aus der in der Zeichnung angedeuteten Lage um 90° nach rechts dreht. Um bei der Verschiebung von d das Anstauen und Eintreten des Wassers in die Röhre q zu verhindern, darf das Diaphragma d niemals, während es das Wasser mit seinem geraden Abschnitt berührt, sondern immer nur in der auf der Zeichnung angegebenen Lage verschoben werden, worauf man es dann erst zum Abschluss der zur Insolation bestimmten Gassäule di um 90° nach rechts dreht. Alle diese Operationen lassen sich trotz der eingeschliffenen Verbindungen und der dadurch herbeigeführten Zerbrechlichkeit des Apparates mit Sicherheit ausführen, wenn man während derselben das Insolationsgefäss dadurch fixirt, dass man es bei q mit Daumen und Zeigefinger gegen seine Unterlage andrückt. Bei der Füllung des Apparates, die ganz unter denselben Vorsichtsmaassregeln geschieht, welche in unserer zweiten Abhandlung beschrieben sind, schiebt man eine Unterlage bei A unter das Brett, auf welchem sich der Apparat sammt dem nicht auf der Zeichnung angegebenen Entwickelungsgefäss befindet, wodurch sich das in der Insolationsröhre enthaltene Wasser [256] in der Weise vor der Zuleitungsröhre p ansammelt, dass es von dem eintretenden Gase seiner ganzen Höhe nach durchströmt wird. Ist das Gas auf das Maximum der Lichtempfindlichkeit gebracht, was man durch von Zeit zu Zeit mit der Kastenflamme angestellte Versuche ermittelt, so wird der Apparat mittelst der Stellschrauben BBB wieder horizontal gestellt und bei jedesmaligem neuen Hindurchleiten des Gases ebenso verfahren.

Vor dem Beginn der Versuche hat man noch folgende Vorsichtsmaassregeln zu beobachten. Erstens wird der eingeschliffene Verschluss der Röhre p dadurch dicht erhalten, dass man dieselbe von Zeit zu Zeit mit Daumen und Zeigefinger gegen ihre Einschleifung andrückt, während man das ganze Insolationsrohr an dem Glasstabe bei i, so weit es die Elasticität der durch die Enschleifung fest verbundenen Apparattheile erlaubt, etwas auf- und abbewegt. Ebenso muss für eine vollkommene Dichtung der Einschleifung bei q Sorge getragen und der grösseren Sicherheit wegen jede der Einschleifungen bei p und q mit einer der Länge nach aufgespaltenen, mit einigen Tropfen Wasser gefüllt erhaltenen Kautschuckröhre umgeben werden. Zweitens ist vor jeder Beobachtungsreihe das Wasserniveau im Insolationsrohr iq mittelst der Schrauben BBB so einzustellen, dass der von Gas erfüllte Raum in der ganzen Länge der Röhre einen gleichen Querschnitt darbietet. Drittens muss die Vorderfläche des Insolationsgefässes, durch welche die Lichtstrahlen eindringen, bis zur Höhe des inneren Wasserniveaus geschwärzt sein, damit das Licht auf die vom Wasser absorbirten Gase nicht verändernd einwirke. Viertens muss das Insolationsrohr genau ins Alignement mit den möglichst parallel einfallenden Strahlen gestellt werden. Fünftens muss die ganze Gasmasse des Rohres iq vor und hinter dem verschiebbaren Diaphragma d vor jedem Versuch inducirt werden. Diese Induction haben wir auf die Weise bewerkstelligt, dass der ganze Apparat durch die geöffnete Thür unseres dunkelen Zimmers von einem dieser Thüre gegenüberliegenden Fenster aus so lange beleuchtet [257] wurde, bis man aus dem Gange des Scalenindex abnehmen konnte, dass das Inductionsmaximum eingetreten war. Sechstens endlich wurde, um den störenden Einfluss einer Temperaturveränderung auszuschliessen, das Insolationsrohr während der Beobachtungen mit der Blechkapsel C bedeckt, die, wie es aus der Zeichnung ersichtlich ist, mit den nöthigen den einzelnen Apparattheilen entsprechenden Ausschnitten versehen war. Um mit

Hülfe dieses Apparates den Extinctionscoëfficienten α_1 für Chlorknallgas zu finden, genügt es, die durch gleichbleibende Bestrahlung in zwei h und h_1 langen Glassäulen hervorgebrachten chemischen Wirkungen W und W_1 zu messen, wie sich aus folgender Betrachtung ergiebt.

Es sei J_0 die Intensität des Lichtes bei seinem Eintritt in das Gasgemisch, J die nach zurückgelegter Wegstrecke z noch übrige Intensität, dann ist, wie früher gezeigt, $J = J_0 \, 10^{-\alpha_1 z}$, wo α_1 den Extinctionscoëfficienten des nicht reducirten Chlorgemisches bedeutet. Ist ferner $w\,dz$ die chemische Wirkung, welche in der Schicht von der Dicke dz in der Zeiteinheit ausgeübt wird, so ist $w = NJ$, wo N eine Constante bedeutet, also $w = NJ_0 \, 10^{-\alpha_1 z}$. Ist h die ganze Tiefe der durchstrahlten Gasschicht, und W die gesammte darin vorgehende Wirkung, so ergiebt sich hieraus:

$$W = \frac{NJ_0}{\alpha_1 \log \mathrm{nat}\, 10} (1 - 10^{-\alpha_1 h}),$$

oder einfach

$$W = MJ_0 (1 - 10^{-\alpha_1 h}).$$

Für W_1 und h_1 erhält man ebenso $W_1 = MJ_0 (1 - 10^{-\alpha_1 h_1})$, woraus folgt:

$$\frac{W}{W_1} = \frac{1 - \dfrac{1}{\mathrm{num}\cdot\log = \alpha_1 h}}{1 - \dfrac{1}{\mathrm{num}\cdot\log = \alpha_1 h_1}}.$$

Aus dieser Gleichung erhält man α_1 leicht mit Hülfe einer Näherungsmethode.

Die auf diese Weise bei $23°,3$ C. und $0^m,7589$ ausgeführten Versuche gaben folgende Elemente zur Berechnung der in der fünften Verticalcolumne angegebenen Werthe von $\dfrac{1}{\alpha_1}$, wobei wir noch bemerken, dass W_1 und W Mittelwerthe aus 10 bis 15 Ablesungen sind.

Versuchsreihe XI.

W_1	W	h_1	h	$\frac{1}{\alpha_1}$
20,97	4,46	194,5	21,5	256^{mm}
19,38	11,17	193,8	65,5	216
16,26	10,26	114,6	60,9	316
12,34	6,73	153,0	58,6	262

Mittel 262.

Hätte die durchstrahlte Chlormischung eine Dichtigkeit gehabt, welche ihr bei $0°$ C. $0^m,76$ Druck und absoluter Trockenheit zukommt, so würde die Länge $\frac{1}{\alpha_1} = 262^{mm}$ im Verhältniss dieser vermehrten Dichtigkeit kürzer gefunden sein, da, wie wir früher gezeigt haben, die ausgelöschte Lichtmenge der Dichtigkeit des auslöschenden Mediums proportional ist. In einem reinen, wasserdampffreien Gemenge gleicher Volumina Chlor und Wasserstoff, dessen Dichtigkeit dem Drucke $0^m,76$ und der Temperatur $0°$ C. entspricht, beträgt daher die Wegstrecke, welche das Licht darin zurücklegen muss, um durch optische und chemische Extinction bis auf $\frac{1}{10}$ geschwächt zu werden, $\frac{1}{\alpha_2} = 231^{mm}$. Denkt man sich den Wasserstoff ersetzt durch ein gleiches Volumen eines indifferenten nicht chemisch wirkenden Gases, welches gleich dem Wasserstoff keine Strahlen optisch auslöscht, so würde, dem oben für reines Chlor gefundenen Extinctionscoëfficienten $\frac{1}{143}$ zufolge, diese Schwächung auf $\frac{1}{10}$ nach Zurücklegung einer Weglänge $2 \times 173 = 346^{mm}$ erfolgt sein. Man sieht daraus, dass für die bei der photochemischen Verbindung des Chlorknallgases geleistete Arbeit eine äquivalente Menge Licht verloren geht. Denn in einem normalen Chlorgemisch, worin neben der Wärmewirkung noch ein chemischer Effect des Lichtes hervorgebracht [259] wird, ist der Extinctionscoëfficient $0,00127$, während in einer andern von gleicher Verdünnung, in welcher dieser chemische Effect fehlt, nur $0,00089$, also bei weitem weniger beträgt.

Die Differenz dieser Zahlen giebt den Extinctionscoëfficienten für diejenigen Strahlen allein, welche bei der chemischen Wirkung verbraucht werden, gleich $0,00037$. Die Consumption des in dem Acte der photochemischen Verbindung allein verbrauchten Lichtes einer Steinkohlengasflamme ist daher so gross, dass dieses Licht eine Wegstrecke von 723 mm in der normalen Chlorwasserstoffmischung zurücklegen muss, um bis auf $\frac{1}{10}$ seiner anfänglichen Stärke geschwächt zu werden, während dieselbe Schwächung auf $\frac{1}{10}$ durch optische Extinction im normalen Chlorknallgase schon nach Zurücklegung einer Wegstrecke von 246,6 mm erfolgt.

Es schien uns von besonderem Interesse, diese Versuche noch mit Strahlen aus anderen Lichtquellen zu wiederholen. Wir haben dazu das vom Zenith eines vollkommen wolkenlosen Himmels reflectirte Licht gewählt, welches, um möglichst parallele Strahlen zu erhalten, von einem Spiegel in ein 6 Fuss langes Rohr von ungefähr 60 cm Durchmesser reflectirt und dem Insolationsgefäss zugeführt wurde. Die sämmtlichen Beobachtungen der folgenden beiden mit diesem reflectirten Himmelslichte angestellten Versuche wurden des Morgens von 9 bis 12 vollendet. Zur Bestimmung des Extinctionscoëfficienten von reinem Chlor wurden folgende der Versuchsreihe VIII entsprechende Beobachtungselemente erhalten:

Versuchsreihe XII am 1. und 6. Aug. 1856.

No. d. Vers.	1.	2.	3.	4.	5.
J_0	15,23	12,12	10,81	9,63	10,61
J	2,96	2,62	2,54	2,54	2,28
h	$32^{mm},4$	27,0	27,0	27,0	27,0
P	0,7567	0,7567	0,7567	0,7567	0,7567
t	$26°,3$	26,3	26,3	26,3	26,3.

260 Die aus diesen Zahlen nach Formel (9) berechneten reciproken Werthe des Extinctionscoëfficienten β sind:

No. der Versuche	$\frac{1}{\beta}$
1.	$47,4^{mm}$
2.	42,8
3.	45,5
4.	49,7
5.	42,5
Mittel	45,6.

Der optische Extinctionscoëfficient des reinen Chlors von einer dem Druck $0^m.76$ und $0°$ C. entsprechenden Dichtigkeit für vom Zenith reflectirtes Morgenlicht ist daher $= 0,0229$, also sehr verschieden von dem für Steinkohlengaslicht gefundenen

Werthe 0,00577. Nach diesem Ergebniss stand es zu erwarten, dass auch der Extinctionscoëfficient des Chlorknallgases für Morgenlicht viel grösser sein würde, als für Lampenlicht. Die nachfolgenden mit Chlorknallgas bei $0^m,7535$ Barometerstand und $23^0,8$ C. ebenfalls zwischen 8^h und 12^h a. m. mit reflectirtem Licht vom Zenith angestellten, der Versuchsreihe XI entsprechenden Beobachtungen gaben:

Versuchsreihe XIII am 3., 6. und 7. Aug. 1856.

No. der Versuche	W_1	W'	h_1	h_1	$\frac{1}{\beta_1}$
1.	10,31	5,79	125,5	29,0	$85,5^{mm}$
2.	12,51	6,03	132,5	23,9	87,0
3.	10,85	7,31	176,9	40,9	85,4
4.	8,32	5,43	187,3	33,8	74,1
				Mittel	83,0.

In einer wasserfreien Wasserstoffchlormischung, deren Dichtigkeit dem Drucke $0^m,76$ und der Temperatur 0^0 C. entspricht, würde daher der Extinctionscoëfficient für Morgenlicht vom Zenith $= 0,0136$ und dessen reciproker Werth $= 73,5$ mm, der Extinctionscoëfficient für diejenigen Strahlen aber, welche bei der chemischen Wirkung dieses Lichts allein verbraucht werden, $= 0,00265$, sowie der diesem [261] reciproke Werth $= 377,3$ mm sein. Da das Morgenlicht vom wolkenlosen Zenith viel reichlicher vom Chlorgase ausgelöscht wird als die von einer Steinkohlengasflamme ausgehenden Strahlen, so lag die Vermuthung nahe, dass das durch die Atmosphäre zu uns gelangende Sonnenlicht von der Jahres- und Tageszeit abhängige Verschiedenheiten zeigen werde. Diese Vermuthung hat sich vollkommen bestätigt, wie folgende am 15. September 1856 zwischen 3^h p. m. und $3^h 30'$ p. m. bei gleichfalls völlig heiterem Himmel mit Licht vom Zenith angestellten Versuche zeigen:

Versuchsreihe XIV.

No. der Versuche	1.	2.
J_0	1,81	6,86
J	1,01	1,60
h	11,8	11,8
P	$0^m,7597$	$0^m,7597$
t	$17^0,5$	$17^0,5$.

Diese Beobachtungen geben mit Hülfe der Formel (9) folgende Zahlen für die reciproken Werthe des Extinctionscoëfficienten $\frac{1}{\gamma}$:

$$\frac{1}{\gamma}$$
1. $18{,}9^{mm}$
2. $20{,}5$

Mittel $19{,}7$.

Der Extinctionscoëfficient γ des trockenen Chlors von 0° C. und $0^m{,}76$ war daher für das benutzte vom Zenith ausgehende abendliche Licht $0{,}05076$.

Die optische Extinction des vom Zenith des wolkenlosen Himmels ausgehenden Lichtes war daher im reinen Chlorgase von 0° und $0^m{,}76$ Druck am 4. und 6. August Morgens mehr wie doppelt so klein als des Nachmittags am 15. September. Eine ganz analoge Erscheinung ergiebt sich auch aus den folgenden bei $25^\circ{,}7$ C. und $0^m{,}7565$ Barometerstand am 2. August 1856 zwischen $3^h\,30'$ p. m. und **262** 5^h p. m. mit Chlorknallgas und Licht vom Zenith des wolkenlosen Himmels angestellten Versuchen.

Versuchsreihe XV.

No. der Versuche	W_1	W	h_1	h	$\frac{1}{\gamma_1}$
1.	8,59	7,61	198,5	55,7	$59{,}3^{mm}$
2.	6,61	4,75	185,5	31,0	56,4
3.	8,34	6,45	128,0	48,5	79,8
				Mittel	65,2.

Hier ist der Werth des Extinctionscoëfficienten für ein normales trockenes Gasgemisch von 0° C. und $0^m{,}76$ Druck $0{,}01743$; und der reciproke Werth $= 57{,}4$.

Versucht man es, aus den Ergebnissen dieser Versuche XIV und XV den chemischen Extinctionscoëfficienten zu berechnen, so erhält man einen negativen Werth für denselben. Man kann daraus schliessen, dass bei Versuch XIV Strahlen von anderer Wellenlänge wirksam waren als bei Versuch XV und dass aus diesem Grunde beide Versuchsreihen nicht vergleichbar sind, was sich daraus leicht erklärt, dass dieselben zu verschiedenen Zeiten angestellt wurden.

Fassen wir das Resultat unserer sämmtlichen Beobachtungen zusammen, so ergiebt sich die Thatsache, dass der Extinctionscoëfficient des reinen Chlors für chemische Strahlen aus verschiedenen Lichtquellen ein sehr verschiedener ist. Die Weglängen, welche das Licht im Chlorgase von 0° und 0^m,76 Druck durchlaufen muss, um durch optische Extinction bis auf $\frac{1}{10}$ seiner ursprünglichen Stärke ausgelöscht zu werden, betragen den mitgetheilten Versuchen zufolge:

1. bei Steinkohlengaslicht . . . . 173,3^{mm}
2. bei Morgens vom Zenith reflectirtem Himmelslicht 45,6
3. bei Nachmittags vom Zenith reflectirtem Himmelslicht . . . . 19,7.

Eine Aenderung in demselben Sinne zeigt sich auch bei der chemischen Extinction des Lichts. Die Weglängen, welche dasselbe im normalen Chlorknallgasgemisch unter [**263**] der Voraussetzung, dass keine optische Extinction stattfände, zurücklegen müsste, um durch die geleistete chemische Arbeit bis auf $\frac{1}{10}$ seiner ursprünglichen Stärke ausgelöscht zu werden, betrugen:

1. bei Steinkohlengaslicht . . . . 723,0^{mm}
2. bei Morgenlicht vom Zenith des wolkenlosen Himmels . . . . 377,3.

Man sieht daher, dass die chemischen Strahlen, welche zu verschiedenen Jahreszeiten und Tagesstunden aus der Atmosphäre reflectirt werden, nicht blos quantitative, sondern zugleich auch qualitative Verschiedenheiten zeigen, die den Farbenunterschieden der sichtbaren Strahlen entsprechen. Wir würden daher, wenn die Natur unserem Auge die Fähigkeit verliehen hätte, die Wellenlängen der sogenannten unsichtbaren Strahlen wie bei den sichtbaren durch Farbeneindrücke zu unterscheiden, die Morgenröthe während der Dauer des Tages durch allmähliche Farbenübergänge in die Abendröthe sich verlieren sehen.

Welchen Einfluss diese qualitativen von meteorischen Einflüssen abhängigen Verschiedenheiten der chemischen Strahlen auf die photochemischen Erscheinungen der Pflanzenwelt ausüben, lässt sich ohne fortgesetzte Beobachtungen für den Augenblick noch nicht ermessen; dass dieser Einfluss aber von eingreifender

Bedeutung sein muss, ergiebt sich aus den Erfahrungen, die man über den Einfluss des wechselnden Himmelslichtes auf andere photochemische Vorgänge gemacht hat. Wir erwähnen in dieser Beziehung nur die jedem Photographen bekannte Thatsache, dass die photometrisch gemessene Helligkeit kein Maass für die Zeit giebt, in der die chemische Wirkung auf photographischen Platten die gewünschte Vollendung erreicht, und dass man für photographische Aufnahmen die Abendstunden vermeidet, selbst wenn die Beleuchtung eine hellere ist als zur Morgenzeit.

Fünfte Abhandlung.

Die Sonne.

[193 Der unermessliche Vorrath an lebendiger Kraft, welchen die Natur im Sonnenkörper aufgespeichert hat, fliesst unablässig mit den Sonnenstrahlen in den Weltraum ab. Was die Erde auf die Erhaltung der Thier- und Pflanzenwelt und auf die geologischen Umbildungen ihrer Oberfläche an Kraft verwendet, stammt fast ausschliesslich aus dieser Quelle. Die langsamer schwingenden Lichtbestandtheile, welche das rothe Ende des Sonnenspectrums und seine sichtbaren und unsichtbaren Umgebungen bilden, sind vorzugsweise dazu bestimmt, bei ihrem Verlöschen die thermischen Vorgänge in den beiden flüssigen Hüllen zu unterhalten, welche als Ocean und Atmosphäre die Erdenfeste umlagern. Sie beschaffen vornehmlich das Wärmematerial zu dem grossen Destillationsprocess, dessen durch die atmosphärischen Niederschläge vermittelter Kreislauf die mächtigen Umbildungen der Erdenrinde veranlasst, an denen wir noch heute die Grösse der Arbeitskraft ermessen können, welche die Sonne im Laufe der geologischen Epochen auf diesem Wege der Erde gespendet hat.

Ganz anderer Art — zwar weniger grossartig, aber nicht minder bedeutungsvoll — sind die Arbeitsleistungen, welche vorzugsweise von den schneller schwingenden Bestandtheilen des Sonnenlichtes ausgehen. Sie haben den wesentlichsten Antheil an den chemischen Vorgängen, welche [194] das Pflanzenleben beherrschen, und sind daher für den Charakter und die geographische Verbreitung der lebenden Schöpfung von der grössten Bedeutung.

Wenn demungeachtet die atmosphärischen Erscheinungen, von welchen die Stärke und die Vertheilung der chemischen

Lichtwirkungen an der Erdoberfläche vorzugsweise abhängen, noch keinen Platz neben den thermischen, magnetischen und elektrischen Phänomenen in der Meteorologie gefunden haben, so liegt der Grund davon weniger in dem Umstande, dass man ihre Wichtigkeit verkannt hätte, als gewiss weit mehr in den Schwierigkeiten, welche einer exacteren Forschung auf diesem Gebiete bisher entgegenstanden. Haben wir es im Folgenden versucht, einen Weg zu diesem neuen Gebiete der Meteorologie anzubahnen, so hoffen wir in eben diesen, wir möchten sagen maasslosen Schwierigkeiten des Gegenstandes einige Entschuldigung zu finden für die grossen Mängel und Lücken, die unserer Arbeit noch anhaften.

Untersuchungen der angedeuteten Art können nur dann einen Sinn haben, wenn sich Mittel finden lassen, die chemischen Lichtwirkungen in einem allgemein vergleichbaren Maasse auszudrücken. Dieser Aufgabe haben wir daher zunächst unsere Aufmerksamkeit zuwenden müssen.

1. Allgemein vergleichbares und absolutes Maass der chemischen Strahlen.

Photometrische Vergleichungen, mögen sie mit dem Auge, mit thermischen, mit thermo-elektrischen oder mit chemischen Mitteln angestellt werden, bieten die grosse Schwierigkeit dar, eine Lichtquelle aufzufinden, die sich immer wieder in gleicher Beschaffenheit herstellen lässt. Flammen von gewöhnlichen Lampen oder Kerzen zeigen so erhebliche Schwankungen in ihrer physiologischen und chemischen Helligkeit, dass sie zu genaueren Messungen nicht benutzt werden können. Drähte, welche durch einen constanten elektrischen Strom von bestimmter absoluter Intensität im Glühen erhalten werden, erweisen sich eben so unbrauchbar, da kleine unvermeidliche Schwankungen in [195] der Stromstärke, welche sich jeder genaueren Messung entziehen, schon die erheblichsten Verschiedenheiten in der Leuchtkraft des glühenden Leiters bedingen. Diese Schwierigkeiten fallen hinweg, wenn man Flammen anwendet, die durch einen Gasstrom von bestimmter gleichförmiger Geschwindigkeit gespeist werden. Oelbildendes Gas eignet sich weniger zu solchen Flammen, weil es in grösseren Mengen nur schwierig in vollkommener Reinheit erhalten werden kann und während der Verbrennung complicirte Zersetzungserscheinungen zeigt. Kohlenoxyd dagegen hat diese Nachtheile nicht, da es ohne alle Ausscheidung von Kohle oder anderen Zersetzungsproducten zu nur einem einzigen Verbrennungsproducte, der Kohlensäure, verbrennt. Wir haben daher bei unseren Versuchen diesem Gase um so mehr den Vorzug gegeben, als es sich ausserdem noch durch die bedeutenden photochemischen Wirkungen seiner Flamme gleichwie durch die Leichtigkeit, mit der es in völliger Reinheit aus ameisensauren Salzen erhalten werden kann, für unsere Zwecke besonders empfahl.

Die Lichtmenge, welche von einer Flamme ausstrahlt, hängt nicht nur von der Masse und Substanz des verbrennenden Leuchtmaterials, sondern oft mehr noch von den Umständen ab, unter welchen die Verbrennung vor sich geht. Wir haben daher die Bedingungen, unter denen ein gegebenes Gasvolumen mit einer möglichst unveränderlichen Lichtentwicklung verbrennt, noch genauer, als es bereits früher [*]) von uns geschehen ist, durch eine besondere Untersuchung festzustellen gesucht.

Gase, die aus engen Oeffnungen, selbst bei einer Druckdifferenz von nur wenigen Millimetern Wasserhöhe, entweichen und in freier Luft verbrennen, gaben Flammen, deren Temperatur und Gestalt in Folge seitlich aspirirter Luftströmungen viel zu sehr schwanken, um exacte photometrische Vergleichungen zuzulassen. Vollkommen brauchbar zu solchen Zwecken wird eine Flamme erst dann, wenn die, das zuströmende Gas bewegende Druckdifferenz als [196] verschwindend klein betrachtet werden kann. Bei der von uns als constante Lichtquelle benutzten Kohlenoxydflamme bewegte sich der Gasstrom mit einer Geschwindigkeit von nur 129,9 mm in der Secunde durch die Brenneröffnung. Berechnet man mit Hülfe der Ausflussformel für Gase, ohne Rücksicht auf die hier nicht in Betracht kommende Reibung, die treibende Druckdifferenz, welche dieser Geschwindigkeit zu Grunde liegt, so ergiebt sich, dass dieselbe einer Wassersäule von nur 0,001 mm Höhe entspricht. Flammen, welche man bei so geringer Druckdifferenz des zuströmenden Gases aus Brenneröffnungen von mehreren Millimetern Durchmesser in dem früher von uns beschriebenen Kastenapparate [*]) verbrennt, besitzen die Gestalt eines sehr stumpfen Kegels und brennen mit einer Unveränderlichkeit, die nichts zu wünschen übrig lässt. Bei derjenigen Kohlenoxydflamme, auf welche sich alle unsere Maassbestimmungen beziehen, fand die Ausströmung aus einer scharfrandigen, 7 mm im Durchmesser haltenden Oeffnung eines Platinbrenners statt. Als normale Ausströmungs-

---

[*]) Pogg. Ann. Bd. C. S. 79. (Klassiker, Bd. 34, S. 54.)

geschwindigkeit wurde diejenige angenommen, bei welcher in einer Secunde 5 ccm Gas von $0°$ C. und $0^m,76$ Quecksilberdruck die Brenneröffnung passirten. Da es praktisch nicht ausführbar war, den Gasfluss so zu reguliren, dass derselbe genau dem angegebenen Verhältnisse entspricht, so war es nöthig, die Function zu ermitteln, nach welcher die Helligkeit der Flamme vom Gaszufluss abhängt. Wir haben daher diese Function für die dem oben genannten nahe liegenden Werthe des Gaszuflusses durch eine Reihe photochemischer Messungen bestimmt. Das zu diesen Messungen benutzte, aus reinem ameisensauren Natron mit Schwefelsäure bereitete, mit Kalilauge gewaschene Kohlenoxydgas befand sich unter constantem Wasserdruck in einem grossen kalibrirten Gasometer, an dessen Theilung die ausgeströmte Gasmenge abgelesen werden konnte und welches mit einer Manometervorrichtung und einem Thermometer versehen war, um Druck und Temperatur des eingeschlossenen Gases beobachten zu können. Das Insolationsgefäss unseres chemischen Photometers war in einer Entfernung von 176 mm von der durch dieses Gas gespeisten Flamme aufgestellt. Das Kohlenoxyd, welches im Gasometer unter einem Drucke von mehr als $0^m,8$ Quecksilberhöhe stand, strömte durch eine äusserst enge Hahnöffnung in das geräumige Rohr des Brenners, wo dann der Druck von dem der Atmosphäre nur noch um etwa 0,001 mm Wasserhöhe verschieden war.

Die Versuche selbst, welche in der folgenden Tabelle zusammengestellt sind, wurden so ausgeführt, dass ein Beobachter die chemische Wirkung der Flamme während eines verabredeten Zeitintervalles am Photometer ablas, während ein anderer die dem Anfang und Ende des Versuchs entsprechenden Gasvolumina des Gasometers sowie den Druck und die Temperatur in demselben notirte.

Tab. 1.

I.	II.	III.	IV.	V.	VI.	VII. g	VIII. w
1	3′	5342,7	$0^m,8230$	$20,0°$ C.	41,8	5,950	13,932
		4271,2	0 ,8244	20,0			
2	6	3907,3	0 ,8254	20,0	56,7	4,673	9,150
		2237,9	0 ,8250	20,0			
3	5	6596,7	0 ,8179	19,5	34,0	3,839	6,799
		5439,5	0 ,8195	19,5			
4	10	8600,8	0 ,8199	20,0	41,5	3,053	4,152
		6762,1	0 ,8219	20,0			

Spalte I giebt die Nummer der Versuche; II die Dauer des Versuchs in Minuten; III das zu Anfang und zu Ende einer Beobachtung abgelesene in Cubikcentimetern gemessene Gasvolumen im Gasometer; IV und V die beobachteten Drucke und Temperaturen des gemessenen Gases; VI die Wirkung in Scalentheilen des Photometers während der Dauer jedes Versuchs; VII das in einer Secunde ausgeflossene Kohlenoxydvolumen g auf Cubikcentimeter von $0°$ C. [198] und 0,76 Quecksilberdruck reducirt; VIII die Wirkung w für die Dauer einer Minute in Scalentheilen des Photometers.

Da das Licht, bevor es in das Chlorknallgas des Insolationsgefässes gelangte, zwei Glimmerplättchen, einen Wasserschirm und eine Glaswand des Insolationsgefässes durchstrahlen musste, so drücken die gefundenen Werthe von w nur die Wirkungen des bei seinem Durchgange durch die erwähnten Medien geschwächten Lichtes aus. Um die Wirkungen w_1 zu erhalten, welche das Licht der Kohlenoxydflamme ohne diese Schwächung hervorgebracht haben würde, müssen die Werthe w mit einem Factor multiplicirt werden, welcher von der Beschaffenheit der erwähnten Medien abhängt. Dieser Factor, welchen wir mit K bezeichnen wollen, setzt sich aus drei Factoren zusammen, von denen

der erste $= L$ von der Lichtschwächung durch die beiden Glimmerblättchen,
der zweite $= M$ von der Lichtschwächung durch den Wasserschirm,
der dritte $= N$ von der Lichtschwächung durch die Reflexionen an den Glaswänden des Insolationsgefässes

abhängt.

Der Werth von L lässt sich aus dem, in unserer vierten Abhandlung*) für Glimmer gefundenen Reflexionscoëfficienten $\varrho = 0{,}1011$ mit Hülfe der Formel

$$L = \frac{1 + 3\varrho}{1 - \varrho}$$

leicht berechnen. Er beträgt

$$1{,}150.$$

Den Werth von M haben wir aus directen Versuchen abgeleitet,

---

*) Pogg. Ann. Bd. CI, S. 247. (S. 13 dieser Ausgabe.)

indem wir die aus je 12 Beobachtungen bestimmten, in 30 Secunden ausgeübten Wirkungen massen, welche die constant erhaltene Flamme mit und ohne eingeschalteten Wasserschirm ausübte. Diese Versuche sind in der folgenden Tabelle enthalten:

[199]

Tab. 2.

No. des Versuchs.	Wirkung ohne Schirm.	Wirkung mit Schirm.
1	12,69	9,25
2	12,85	9,59
3	12,46	9,81
4	12,31	9,59
5	13,47	9,00
Mittel	12,76	9.45.

Durch Division der Zahlen der zweiten Columne durch die entsprechenden Zahlen der dritten erhält man im Mittel

$$M = 1,351.$$

Der Werth von N ergiebt sich aus folgender Betrachtung:

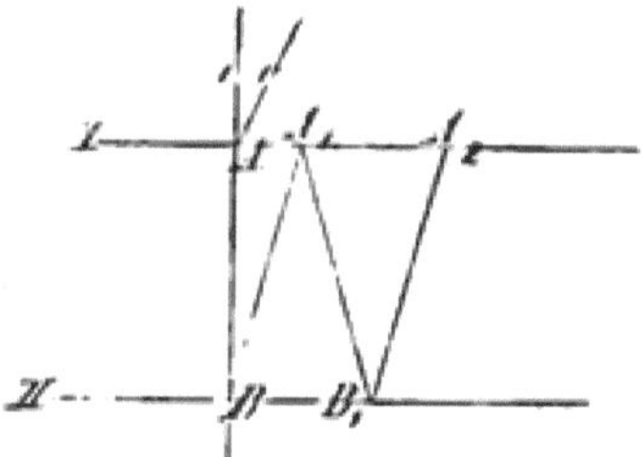

Es sei I (Fig. 1) die vordere, II die hintere Glaswand des Insolationsgefässes, und innerhalb des Zwischenraums beider befinde sich die zu durchstrahlende Chlorknallgasschicht. Bezeichnen wir mit 1 die Intensität des senkrecht auf das Insolationsgefäss fallenden Lichts; mit

$$r = \frac{2\varrho}{1+\varrho}$$ die Intensität des von den

beiden Flächen der Vorderwand I des Insolationsgefässes reflectirten Lichts, wo ϱ den Reflexionscoëfficienten von Glas und Luft bedeutet; mit $\gamma = 10^{-ah}$ die Lichtmenge, welche nach Zurücklegung des Weges $AB = h$ im Chlorknallgase noch übrig geblieben ist, wo a den Extinctionscoëfficienten des Chlorknallgases bedeutet; mit $d = 1 - \dfrac{2\varrho}{1+\varrho}$ endlich die nach Durchstrahlung der Vorderwand von der ursprünglichen Intensität 1 noch vorhandene Intensität, indem wir der Deutlichkeit wegen das zwischen A und B in der Wirklichkeit senkrecht hin- und herreflectirte Licht in der Figur durch die Linien AB BA_1

Fig. 1.

$A_1 B_1$ etc. darstellen, so ergeben sich auf dem Wege $A B A_1 B_1 A_2$ etc., den das ursprünglich einfallende Licht von der Intensität 1 zurückzulegen hat, folgende Intensitäten:

[200]
$$\begin{aligned}
&d && \text{für } A B \text{ in } A \\
&d\gamma && \text{für } B A \text{ in } B \\
&d\gamma r && \text{für } B A_1 \text{ in } B \\
&d\gamma^2 r && \text{für } B A_1 \text{ in } A_1 \\
&d\gamma^2 r^2 && \text{für } A_1 B_1 \text{ in } A_1 \\
&d\gamma^3 r^2 && \text{für } A_1 B_1 \text{ in } B_1 \\
&d\gamma^3 r^3 && \text{für } B_1 A_2 \text{ in } B_1 \\
&d\gamma^4 r^3 && \text{für } B_1 A_2 \text{ in } A_2 \\
&\text{etc.}
\end{aligned}$$

Daraus erhält man die den Intensitäten proportionalen chemischen Wirkungen:

$$\begin{aligned}
&d\beta && \text{auf dem Wege } A B \\
&d\gamma r \beta && \text{auf dem Wege } B A_1 \\
&d\gamma^2 r^2 \beta && \text{auf dem Wege } A_1 B_1 \\
&d\gamma^3 r^3 \beta && \text{auf dem Wege } B_1 A_2 \\
&\text{etc.}
\end{aligned}$$

Die Summe dieser Wirkungen ist aber

$$d\beta(1 + \gamma r + \gamma^2 r^2 + \gamma^3 r^3 + \cdots) = \frac{d\beta}{1 - \gamma r}$$

oder, da $d = 1 - r$,

$$\frac{1-r}{1-\gamma r} \cdot \beta.$$

Man eliminirt daher den Fehler, welcher aus den unendlich vielen Reflexionen des Lichts an den Glaswänden des Insolationsgefässes entspringt, dadurch, dass man die an der Scale vollführten Ablesungen mit dem Factor $N = \dfrac{1-\gamma r}{1-r}$ multiplicirt. Die Werthe, welche man auf diese Weise erhält, drücken die photochemischen Wirkungen aus, welche gefunden sein würden, wenn das Chlorknallgas nicht von Licht reflectirenden Wandungen umgeben gewesen wäre.

Nach den in unserer vierten Abhandlung[*] mitgetheilten Untersuchungen ist $\varrho = 0{,}0509$; $\alpha = 0{,}00427$ für Steinkohlen-

---

[*] Pogg. Ann. Bd. CI, S. 245 u. f. (S. 12 dieser Ausgabe.)

gaslicht; $\alpha = 0{,}0136$ für Morgenlicht vom wolkenlosen Zenith; $\alpha_2 = 0{,}0174$ für Nachmittagslicht vom wolkenlosen Zenith; für den inneren Durchmesser des Insolationsgefässes [201] gab die Messung $h = 9{,}4^{\text{mm}}$. Substituirt man diese Zahlen in die Formel (1), so findet man folgende Werthe von N:

1,010 für Steinkohlengaslicht;
1,028 für Morgenlicht vom Zenith des wolkenlosen Himmels;
1,034 für Nachmittagslicht vom Zenith des wolkenlosen Himmels.

Nimmt man für Kohlenoxydgas das Mittel dieser nur wenig von einander abweichenden Zahlen, so erhält man:

$$N = 1{,}024$$

und für das Product LMN den Werth:

$$K = 2{,}005.$$

Mit diesem Factor 2,005 müssen daher die in der VIII. Verticalspalte der Tabelle 1 erhaltenen Werthe von w multiplicirt werden, um die chemischen Wirkungen w_1 unabhängig von den störenden Einflüssen zu erhalten, welche die Reflexionen an den Glimmerblättchen, dem Wasserschirm und an den Glaswänden des Insolationsgefässes ausüben. Führt man diese Multiplication aus, so erhält man für die beobachteten Geschwindigkeiten g der Columne VII, Tab. 1, statt der dort angegebenen Werthe w folgende wahre Werthe w_1

g	w_1
5,950	27,86
4,673	18,90
3,839	13,60
3,053	8,30.

Berechnet man in der folgenden nach Potenzen von $(5 - g)$ fortschreitenden Reihe

$$w_1 = A + B(5 - g) + C(5 - g)^2 + \cdots$$

aus den vorstehenden Werthen von g und w_1 die Werthe von ABC, so ergiebt sich für C schon eine so kleine Zahl, dass man das dritte die Potenz $(5 - g)^2$ enthaltende Glied ganz vernachlässigen kann.

Die nach der Methode der kleinsten Quadrate berechneten Werthe von A und B führen dann auf die lineare Gleichung

[202]   (2) $w_1 = 21{,}34 [1 - 0{,}3153 (5 - g)]$.

Es zeigt sich mithin die interessante Erscheinung, dass trotz der erheblichen Aenderungen in der Menge des zuströmenden Gases der Zuwachs der von der Flamme ausgeübten chemischen Wirkung dem Zuwachse des entsprechenden Gaszuflusses *innerhalb der von uns untersuchten Grenzen* proportional ist. Aus der Linie, Fig. 2, sicht man, wie genau die Beobachtungen sich dieser Annahme anschliessen. Die Abscissenlinie entspricht dem in einer Secunde zuströmenden Kohlenoxydgase, gemessen in Cubikcentimetern bei 0^0 C. und 0,76 Quecksilberdruck; die Ordinaten geben die entsprechenden, durch die Beobachtungen gefundenen chemischen Wirkungen in Scalentheilen für eine Minute in der Entfernung von 176^{mm} von der Flamme. Die wirklich beobachteten Werthe sind durch Punkte neben der Linie angedeutet.

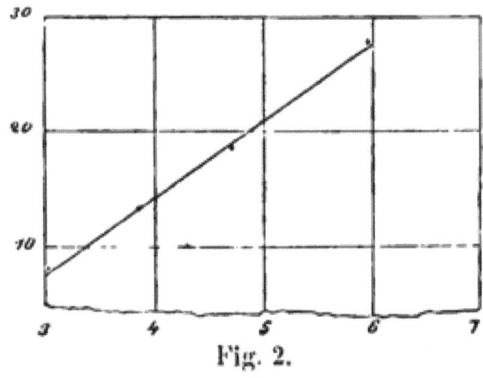

Fig. 2.

Man kann nach der Formel (2) aus der Wirkung, welche an einer Kohlenoxydflamme beobachtet ist, bei der g einen beliebigen Werth zwischen 3 und 6 hat, die Wirkung berechnen, welche unter übrigens gleichen Umständen eine Flamme geben würde, für die $g = 5$ wäre.

Diese Flamme, also eine in atmosphärischer Luft verbrennende Kohlenoxydflamme, die auf einer kreisrunden, 7 mm im Durchmesser haltenden, Oeffnung eines Platinbrenners brennt und deren durch eine verschwindend kleine Druckdifferenz bewegter Gaszufluss 5 ccm von 0^0 C. $0^m,76$ in der Secunde beträgt, wollen wir Normalflamme nennen und mit ihr die zu messenden Lichtwirkungen vergleichen.

Mittels dieser Normalflamme lassen sich zunächst die Angaben verschiedener Instrumente auf ein und dieselbe Lichteinheit reduciren und unter einander vergleichbar machen.

Wir nehmen zu diesem Zweck als photometrische Einheit für die chemisch wirkenden Strahlen diejenige chemische Wirkung an, welche die Normalflamme bei 1^m Entfernung in einer Minute ausübt, und bestimmen ein für allemal [**203**] für jedes Instrument durch einen Versuch, wie viele solcher photometrischer Einheiten n einem Grade der Scale entsprechen.

Durch Multiplication der beobachteten Scalentheile t mit n erhält man dann die Beobachtungen in einem allgemein vergleichbaren Maasse ausgedrückt, dessen Einheit also die Lichtwirkung ist, welche die Normalflamme bei 1^m Entfernung in der Minute auf *normales* Chlorknallgas in einem Insolationsgefässe ausübt, dessen Tiefe gering genug ist, um die von der Natur der Lichtbestandtheile abhängige Veränderlichkeit der Extinction vernachlässigen zu können.

Wir nennen diese Einheit eine chemische Lichteinheit und zehntausend derselben einen chemischen Lichtgrad.

Bei allen in dieser Abhandlung beschriebenen Versuchen haben wir uns ein und desselben Insolationsgefässes, aber zweier Scalen bedient. Bei einer derselben, welche wir in der Folge als »das enge Rohr« oder mit No. 1 bezeichnen werden, war

$$n = 0{,}6612;$$

bei dem anderen, dem weiten Scalenrohr No. 2, dagegen war

$$n = 2{,}249:$$

bei dem engen No. 1 fasste ein Scalentheil 0,7642 cmm, bei dem weiten dagegen 2,598 cmm.

Einige Beispiele werden den Gebrauch dieses Lichtmaasses am besten deutlich machen.

1. Unter *chemischer Beleuchtung* verstehen wir die Menge chemisch wirksamen Lichtes, welche senkrecht auf eine Ebene fällt. Bildet das Insolationsgefäss unseres Instrumentes einen Theil dieser Ebene, so giebt die in einer Minute beobachtete, mit n multiplicirte Verrückung des Scalenindex an, auf wieviel Lichteinheiten die bestrahlte Ebene beleuchtet ist.

Als Beispiel einer solchen Messung wollen wir für zwei verschiedene Lichtquellen die Frage beantworten, in welcher Entfernung jede derselben sich befinden müsse, um eine 204 Fläche auf eine Lichteinheit zu beleuchten. Als Lichtquellen wählen wir eine Kohlenoxydflamme und eine Steinkohlengasflamme, welche beide durch einen Gaszufluss von 4,105 ccm von 0° C. und $0^m{,}76$ Quecksilberdruck in der Secunde gespeist wurden. Die Kohlenoxydflamme brannte auf dem Normalbrenner von Platin, die Steinkohlenflamme auf einem gewöhnlichen Brenner. Beide Gase strömten unter einer schon nicht mehr messbaren Pressung aus. Bei der Messung gingen die Strahlen beider, bevor sie das Insolationsgefäss erreichten, durch zwei Glimmerblättchen und einen Wasserschirm. Zur Beobachtung diente das enge Scalenrohr No. 1. Die Kohlenoxydflamme gab in $0^m,176$ Entfernung vom Insolationsgefässe 7,68 Scalentheile in der Minute. Diese entsprechen kn 7,68 = 10,15 Lichteinheiten. Da sich nun die Beleuchtung umgekehrt verhält, wie das Quadrat der Entfernung, in welcher sich die Lichtquelle von der beleuchteten Fläche befindet, so beträgt die Entfernung r, in der die Kohlenoxydflamme stehen muss, um die Fläche auf eine Lichteinheit zu beleuchten

$$r = \sqrt{0,176 \times 0,176 \times 10,15} = 0,5607 \text{ Meter.}$$

Die Leuchtgasflamme gab unter denselben Verhältnissen in der Entfernung von $0^m,216$ vom Insolationsgefäss 13,98 Scalentheile in der Minute, welche kn 13,98 = 18,48 Lichteinheiten entsprechen. Diese Flamme bringt daher in der Entfernung von

$$r_1 = \sqrt{0,216 \times 0,216 \times 18,48} = 0,9287 \text{ Meter}$$

die chemische Beleuchtung von einer Lichteinheit hervor.

Durch eine ähnliche Betrachtung findet man, dass, um z. B. eine Beleuchtung von 5 Lichteinheiten auf der Fläche zu erzeugen, die Kohlenoxydflamme $0^m,3349$ und die Steinkohlenflamme $0^m,4309$ entfernt stehen müsste.

2. Die *chemische Leuchtkraft* verschiedener als Punkte zu betrachtender Lichtquellen wird gemessen durch die chemische Wirkung, welche die Strahlen derselben in gleichen Zeiten und gleichen Entfernungen ausüben. Oder da die chemische Leuchtkraft von Lichtquellen, deren Licht als von [205] Einem Punkte ausgehend gedacht werden kann, sich verhält wie das Quadrat derjenigen Entfernungen, bei welchen sie eine gleiche chemische Beleuchtung hervorbringen, und da die Normalflamme eine Beleuchtung von 1 Lichteinheit in 1^m Entfernung erzeugt, so hat man nur, um mit der als Einheit angenommenen chemischen Leuchtkraft dieser Normalflamme die Leuchtkraft irgend einer anderen Lichtquelle zu vergleichen, die in Metermaass ausgedrückte Entfernung aufs Quadrat zu erheben, bei welcher die zu vergleichende Lichtquelle die Beleuchtung von 1 Lichteinheit hervorbringt. Führt man diese Berechnung für die eben betrachteten Flammen aus, so findet man, dass sich die chemischen

Leuchtkräfte der Normalflamme, der Kohlenoxydflamme und der Steinkohlengasflamme der Reihe nach verhalten wie

$$1 : 0,718 : 1,972.$$

Es ist nicht uninteressant, die *chemische* Leuchtkraft der eben betrachteten Flammen mit ihrer physiologischen[*]) zu vergleichen. Um eine solche Vergleichung ausführen zu können, haben wir die physiologische Leuchtkraft einer auf dem Normalbrenner unter den oben angegebenen Vorsichtsmaassregeln brennenden Kohlenoxydflamme von 6,032 ccm (bei $0°$ u. $0^{m},76$) Gaszufluss in der Secunde mit der Leuchtkraft der fraglichen Kohlengasflamme durch einen besonderen Versuch verglichen. Die mit dem weiter unten in dieser Arbeit beschriebenen Photometer ausgeführte Messung konnte zwar kein sehr genaues Resultat geben, da die untersuchten Flammen nicht gleiche Färbung besitzen. Es liess sich indessen noch mit Bestimmtheit erkennen, dass die physiologische Leuchtkraft bei der Steinkohlengasflamme von 4,105 ccm Zufluss *mindestens* 150 mal grösser war, als bei der Kohlenoxydflamme von 6,032 ccm Zufluss.

Die mit Hülfe der Formel 2 berechneten chemischen Leuchtkräfte einer Kohlenoxydflamme von 5 ccm, von 6,032 ccm und von 4,105 ccm Zufluss verhalten sich wie

$$21,34 : 28,28 : 15,32.$$

[206] Da bei *ein und derselben* Lichtquelle die chemischen Leuchtkräfte den physiologischen proportional sind, so verhalten sich die physiologischen Leuchtkräfte dieser drei Flammen und der Steinkohlenflamme von 4,105 ccm Zufluss wie

$$21,34 : 28,28 : 15,32 : 42,42.$$

Man erhält daher folgende physiologische und chemische Leuchtkräfte:

	Physiologische Leuchtkraft.	Chemische Leuchtkraft.
Kohlenoxydflamme von 5 ccm Zufluss	1,000	1,000
Kohlenoxydflamme von 4,105 ccm Zufluss	0,718	0,718
Steinkohlengasflamme von 4,105 ccm Zufluss	198,800	1,972

---

[*]) Wir verstehen unter der physiologischen oder optischen die durch das Auge wahrnehmbare Leuchtkraft.

3. *Chemische Helligkeit* oder chemischen Glanz nennen wir die senkrecht von einer leuchtenden Fläche auf ein Flächenelement auffallende photochemisch gemessene Lichtmenge, dividirt durch die scheinbare Grösse der leuchtenden Fläche. Als Einheit der scheinbaren Grösse wählen wir den tausendsten Theil einer Halbkugeloberfläche, und nehmen als Einheit der Helligkeit diejenige von diesem tausendsten Theil ausgehende Lichtmenge an, welche einem im Halbkugelmittelpunkt gedachten Flächenelemente die Beleuchtung von einer Lichteinheit ertheilen würde. Um die chemische Helligkeit einer Fläche zu messen, braucht man daher nur das von derselben ausgehende Licht durch eine runde Oeffnung von bekanntem Durchmesser und Abstande auf das Insolationsgefäss fallen zu lassen und die dadurch hervorgebrachte chemische Beleuchtung in Lichteinheiten zu messen.

Es sei l die Anzahl der beobachteten Lichteinheiten, d der Durchmesser der runden Oeffnung, r deren Entfernung vom Insolationsgefäss, so ist $\frac{2\pi r^2}{1000}$ der tausendste Theil der Oberfläche einer Halbkugel, deren Radius r beträgt, und $2\pi r^2 2\sin^2\frac{\Theta}{2}$ der durch die runde Oeffnung von dieser Halbkugeloberfläche hinweggenommene Theil, wo Θ durch 207' die Gleichung $\sin\Theta = \frac{d}{2r}$ gegeben ist. Der von der runden Oeffnung hinweggenommene Theil der ganzen Halbkugeloberfläche verhält sich daher zu dem tausendsten Theil derselben wie $2\sin^2\frac{\Theta}{2} : \frac{1}{1000}$. Man erhält daher die Helligkeit H in der eben definirten Einheit ausgedrückt, wenn man die beobachteten Lichteinheiten durch l bezeichnet aus der Gleichung (3) $H = \frac{l}{2000\sin^2\frac{\Theta}{2}}$.

Als Beispiel einer solchen Messung wählen wir eine Vergleichung verschieden grosser im Zenith liegender Himmelskreisflächen des wolkenlosen Himmelsgewölbes. Die Elemente zu diesen Bestimmungen ergaben sich aus folgenden Versuchen:

Ausserhalb des Fensters unseres dunkeln Zimmers aa Fig. 3 befand sich ein unter 45° gegen den Horizont geneigter Spiegel, von welchem das Zenithlicht durch ein horizontal liegendes Rohr c auf das Insolationsgefäss i in das dunkele Zimmer geworfen

Fig. 3.

wurde. Auf dem ausserhalb des Zimmers vor dem Spiegel mündenden Ende des Rohrs konnten kreisrunde Oeffnungen aufgesteckt werden, deren Durchmesser bei der nachfolgenden Zusammenstellung der Versuche in Tab. 3 unter der Bezeichnung d Spalte I angegeben sind. Die in Spalte II aufgeführten Entfernungen r des Insolationsgefässes von diesen Oeffnungen betrugen, wie man sieht, bei allen Versuchen $2^m,225$. Zwischen Insolationsgefäss und Oeffnung befand sich ein Schirm mit zwei Glimmerblättchen g. Die in der Zeit einer Minute ausgeübten, aus je 6 Beobachtungen abgeleiteten chemischen Wirkungen, welche die Spalte III giebt, wurden an dem Scalenrohr No. 2 gemessen. Mit Zugrundelegung der Factoren

$R = 1,777$ *) für den Lichtverlust bei der Spiegelreflexion,
$L = 1,450$ für den Lichtverlust an den Glimmerblättchen,
$N = 1,031$ für den Lichtverlust an den Glaswänden des Insolationsgefässes, und
$n = 2,249$ für den Umsatz der abgelesenen Scalentheile des Rohrs No. 2 in Lichteinheiten

erhält man die in der Spalte IV angegebenen Lichteinheiten l, auf welche die Mischung im Insolationsgefäss beleuchtet war, aus der Gleichung

$$NLRnw = l.$$

Spalte V giebt die gesuchte, aus Formel (3) berechnete mittlere Helligkeit, und Spalte VI die scheinbaren Grössen des untersuchten

---

*) R war durch einen directen Versuch mit Kerzenlicht bestimmt.

Zenithstücks verglichen mit der = 1 gesetzten scheinbaren Grösse des gesammten Himmelsgewölbes.

Tab. 3.

No. der Vers.	I. d	II. r	III. w	IV. l	V. H	VI. A
1	0^m,0590	2^m,225	10,89	65,1	0,741	0,0000878
2	0 ,0359	2 ,225	4,04	24,1	0,744	0,0000325
3	0 ,0590	2 ,225	10,59	63,3	0,720	0,0000878
4	0 ,0530	2 ,225	8,71	52,0	0,733	0,0000708
5	0 ,0590	2 ,225	10,60	63,3	0,721	0,0000878
6	0 ,0359	2 ,225	3,89	23,2	0,715	0,0000325

Man sieht aus diesen Zahlen, dass die in der Nähe des Zeniths liegenden Stellen des Himmelsgewölbes, soweit überhaupt die Genauigkeit der Versuche reicht, gleiche Helligkeit besassen. Bei im Zenith liegenden Kugelkreisflächen, welche an Grösse den 0,00009. Theil des ganzen Himmelsgewölbes nicht übertreffen, kann man daher bei wenig verändertem Stande der Sonne die chemische Wirkung der scheinbaren Grösse der Himmelsfläche, welche diese Wirkung hervorbringt, proportional setzen.

Die bis hierher betrachteten Maassbestimmungen beruhen alle auf einer Vergleichung des zu messenden Lichtes mit den Wirkungen einer constanten Lichtquelle. Für manche Betrachtungen ist es vorzuziehen, die photochemischen Effecte nicht bloss in *Lichteinheiten* oder *Lichtgraden*, sondern in absolutem Maasse, d. h. durch eine Zeit- und Raumeinheit [209] auszudrücken. Ein solches Maass ergiebt sich leicht aus den Beobachtungen mit unserem Photometer, wenn folgende Grössen gegeben sind:

v das auf 0° C. und 0^m,76 Druck reducirte Volumen der von einer Lichteinheit gebildeten Salzsäure;

h die Dicke der im Insolationsgefässe durchstrahlten, auf Trockenheit reducirten Chlorknallgasschicht von 0° C. und 0^m,76;

q der Querschnitt der durchstrahlten Chlorknallgasschicht;

α der Extinctionscoëfficient des Chlorknallgases für die wirkende Lichtart, und

l die Anzahl der beobachteten Lichteinheiten in der Zeit t.

Die Gleichung

$$V = \frac{v}{q} \cdot \frac{l}{1 - 10^{-\alpha h}}$$

giebt dann das Salzsäurevolumen V, welches von den senkrecht auf die Einheit der Fläche in der Zeit t auffallenden Strahlen gebildet sein würde, wenn $h = \infty$ gewesen wäre, oder, was dasselbe ist, wenn das Licht bis zu seiner völligen Extinction statt der Gasmischung des Insolationsgefässes eine unendlich gross gedachte trockne Chlorknallgasatmosphäre durchstrahlt hätte.

Wir wollen als Beispiel einer solchen Maassbestimmung aus den in Bd. C, p. 87 Pogg. Ann. Bd. 31, S. 61) mitgetheilten Versuchen die absolute chemische Wirkung der mehrfach von uns benutzten 42 mm hohen Kastenflamme bestimmen.

Diese Flamme gab in 1 Minute in der Entfernung von 21,6 cm 14,2 Scalentheile der Scale No. 2 bei $22^0,7$ C. und $0^m,753$ Barometerstand.

Aus dem mit Quecksilber ausgemessenen Rauminhalt der Scalenröhre unseres Instrumentes ergab sich das von einer Lichteinheit erzeugte Salzsäurevolumen

$$v = 0{,}001155 \text{ ccm.}$$

Der innere Querschnitt unseres Insolationsgefässes betrug

$$q = 3{,}3 \text{ qcm.}$$

[210] h ergiebt sich aus dem innern Durchmesser

$$d = 0{,}94 \text{ cm}$$

des Insolationsgefässes, der Temperatur T und dem Barometerstande P, welche während der Beobachtung statt hatten, mit Hilfe der Gleichung

$$h = \frac{d(P-p)}{(1 + 0{,}00366\, T)\, 0{,}76},$$

worin p die der Temperatur T entsprechende Tension des Wasserdampfes bedeutet.

Bei den Beobachtungen war daher

$$h = 0{,}837.$$

Nach unseren früheren Versuchen[*]) beträgt der Extinctionscoëfficient des Gaslichts in reinem Chlorknallgas von 0^0 C. und $0^m,76$, als Reciproke einer Centimeterlänge ausgedrückt

$$a = \frac{1}{23{,}1 \text{ cm}}.$$

---

[*]) Pogg. Ann. Bd. CI, S. 258. (S. 24 dieser Ausgabe.)

Da sich bei den Beobachtungen zwischen dem Insolationsgefäss und der Flamme zwei Glimmerplättchen und ein Wasserschirm befand, so erhält man für die den Scalenablesungen entsprechende Anzahl Lichteinheiten durch Multiplication dieser Scalenablesung mit den oben abgeleiteten Factoren

$$K = 2{,}005, \quad n = 0{,}6612$$

den Werth

$$l = 18{,}56.$$

Substituirt man diese Werthe in die Formel (4), so ergiebt sich

$$V = 0{,}08204 \text{ ccm}.$$

Es fallen also auf eine quadratcentimetergrosse Fläche, welche von der fraglichen Kohlengasflamme in 21,6 cm Entfernung beleuchtet wird, so viel chemische Strahlen, dass dadurch eine 0,08204 cm hohe Salzsäureschicht auf dieser 1 qcm grossen Fläche in der Minute erzeugt werden würde, wenn die Strahlen bis zum völligen Erlöschen ihrer chemischen Wirkung eine unendlich grosse Chlorknallgasatmosphäre durchstrahlt hätten.

Denkt man sich nun die Flamme in den Mittelpunkt [211] einer Kugel, deren Radius $r = 21{,}6$ cm der Entfernung der Flamme vom Insolationsgefässe gleichkommt, so werden auf einen Quadratcentimeter dieser Kugeloberfläche V Cubikcentimeter und auf der gesammten alles ausgestrahlte Licht empfangenden Kugeloberfläche

$$4\pi r^2 V = 481{,}1 \text{ qcm}$$

Gas in der Minute zu Salzsäure verbunden werden.

Da der Gaszufluss der untersuchten Flamme 4,105 ccm in der Secunde betrug, so verbrannten in derselben Zeit einer Minute, während welcher diese 481,1 ccm Chlor und Wasserstoff sich photochemisch zu Salzsäure verbanden, 246,3 ccm Leuchtgas.

Man kann daher das Resultat dieser Rechnung auch so ausdrücken:

Wenn ein Cubikcentimeter Leuchtgas in der oben bezeichneten Weise verbrennt, so entstehen so viel chemische Strahlen, dass dadurch 1,95 ccm Chlorknallgas zu Salzsäure verbunden werden können.

Die mittlere Zusammensetzung des in der Flamme verbrannten Leuchtgases war aber dem Volumen nach:

Wasserstoff	41,12
Grubengas	39,49
Kohlenoxyd	5,97
Elayl	4,57
Ditetryl	3,25
Stickstoff	5,10
Kohlensäure	0,20
	100,00.

Ein Cubikcentimeter dieses Gases giebt bei der Verbrennung eine Wärmemenge, die 1 g Wasser von $0°$ C. auf $6°,8$ C. erhitzt. Da nun ein Cubikcentimeter Wasserstoff, wenn er sich mit Chlor verbindet, 1 g Wasser von $0°$ C. auf $2°,1$ C. erhitzt, so ergiebt sich ferner:

Für jede in der untersuchten Steinkohlengasflamme durch Verbindung mit dem Sauerstoff der Luft erzeugte Wärmeeinheit werden durch die während dieser Wärmeerzeugung von der Flamme ausgehenden chemischen [212] Strahlen in einer unendlich grossen Chlorknallgasatmosphäre nur 0,31 C. Wärmeeinheiten durch die photochemische Verbindung des Chlors mit dem Wasserstoff erzeugt.

Wo es sich darum handelt, die in der Zeit t auf ein Flächenelement auffallende Lichtmenge in absolutem Maasse auszudrücken, ist es am zweckmässigsten, nach Formel (4) die photochemische Wirkung der auf eine solche Fläche fallenden Strahlen in Höhen einer Salzsäureschicht von $0°$ C. und $0^m,76$ anzugeben, welche über der bestrahlten Fläche erzeugt sein würde, wenn das auffallende Licht eine unendlich grosse Chlorknallgasschicht parallel durchstrahlt hätte. Man kann der Kürze wegen diese in Metern gemessenen Höhen Lichtmeter nennen.

In solchen Lichtmetern lassen sich namentlich die chemischen Wirkungen am besten ausdrücken, welche von der Sonne ausgehen. Die Grösse der vom heitern Himmel, oder von den Wolken, oder von der Sonnenscheibe selbst auf ein Flächenelement der Erdoberfläche ausgeübten photochemischen Kraft wird auf diese Weise durch den Höhenstand einer Gasschicht dargestellt, die, wie wir später sehen werden, bei wolkenloser Atmosphäre vom Aufgang bis zum Untergang der Sonne wächst, und zwar mit zunehmender Geschwindigkeit, so lange die Sonne den Meridian noch nicht erreicht, mit abnehmender, nachdem sie denselben passirt hat, — einer Gasschicht, die sich unter dem Einflusse einer am Himmel vorüberziehenden Wolke mit regellos beschleunigter Geschwindigkeit gleichsam zu einer mit dem Wolkenzuge fortschreitenden Woge aufthürmt oder nur noch unmerklich erhöht, sobald der Himmel von grauen Wolkenschichten verhüllt wird. Der mittlere, den geographischen Längen und Breiten entsprechende, tägliche, monatliche oder jährliche Höhenstand dieser Schicht bedingt das photochemische Klima eines Ortes und führt für die chemischen Wirkungen der Sonne zu analogen Beziehungen, wie sie für die thermischen derselben durch die Isothermen, Isotheren, Isochimen und Isanomalen festgestellt sind. [213]

2. Chemische Wirkungen der atmosphärischen Lichtzerstreuung.

Es würde mit fast unüberwindlichen Schwierigkeiten verbunden sein, die Strahlen, welche ein Punkt der Erdoberfläche in Folge der atmosphärischen Lichtzerstreuung vom gesammten Himmelsgewölbe empfängt, direct mit unserem chemischen Photometer zu messen. Versuche dieser Art könnten nur im Freien auf Höhen, die den Horizont nach allen Seiten überragen, oder in ausgedehnten Ebenen fern von allen emporragenden Gegenständen, die das Licht abhalten oder reflectiren, angestellt werden, und noch dazu mit einem Instrumente, das, von dem kleinsten Bündel ungeschwächten Sonnenlichts getroffen, mit der heftigsten Explosion zertrümmert werden würde. Wir vermochten die Schwierigkeiten, welche den Beobachtungen von dieser Seite entgegenstehen, nur dadurch zu umgehen, dass wir die von einem gemessenen Theile des im Zenith liegenden Himmelsgewölbes auf einen Punkt der Erdoberfläche fallenden Strahlen *chemisch* in absolutem Maasse bestimmten und dann das Licht dieses Theiles mit dem Lichte des ganzen Himmelsgewölbes *optisch* verglichen. Um die Mittel zu einer solchen Vergleichung zu gewinnen, war eine ziemlich weitläufige Experimentaluntersuchung nöthig, auf die wir daher zunächst, da sie die Grundlage aller unserer hierher gehörigen Messungen bildet, etwas ausführlicher eingehen müssen.

Bei photometrischen Untersuchungen über die optische Helligkeit der Atmosphäre begegnet man zunächst einer Schwierigkeit, welche die Wahl der erforderlichen experimentellen Mittel in der lästigsten Weise beschränkt. Das von der Atmosphäre ausgehende Licht ist nämlich, wie bekannt, in gewissen von dem Stande der Sonne abhängigen Zonen polarisirt, und kann daher durch Reflexion verschwinden. Dieser Uebelstand legt dem Beobachter die Beschränkung auf, bei dem einzuschlagenden Verfahren der photometrischen Messung auf Spiegelreflexionen zu verzichten. Es schien uns am einfachsten, um unberührt von der angedeuteten Schwierigkeit unseren Zweck zu erreichen, die *Vorderseite* eines weissen Papierblattes einmal durch eine ihrer [214] Grösse nach bekannte Kugelkreisfläche vom Zenith und dann durch das gesammte Himmelsgewölbe zu erleuchten und die dadurch auf der *Hinterfläche* hervorgebrachte Helligkeit nach einem passenden Verfahren optisch zu messen. Da wir uns indessen nicht verhehlten, dass dies Verfahren nur dann fehlerfreie Resultate geben konnte, wenn die Helligkeit der Hinterfläche des Papierblattes sich proportional mit der Intensität der auf die Vorderfläche in sehr verschiedenen Einfallswinkeln auffallenden Strahlen ändert, so schien uns eine Prüfung, ob diese Bedingung unter den angegebenen Verhältnissen wirklich erfüllt wird, unerlässlich. Diese Prüfung wurde auf folgende Weise ausgeführt: Vor dem horizontal stehenden, inwendig geschwärzten Blechrohr A, Fig. 4,

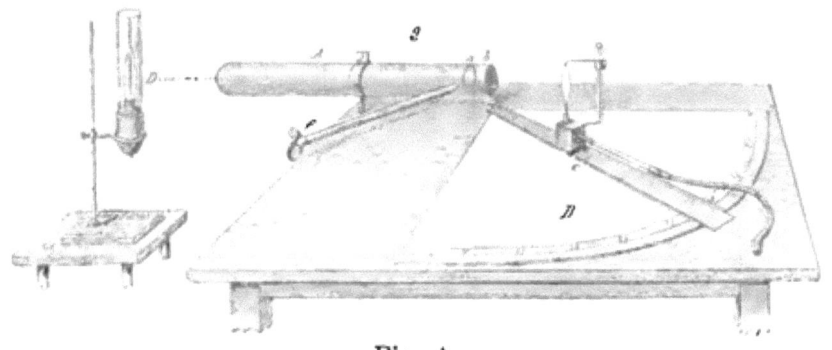

Fig. 4.

welches bei b durch das zu prüfende Papierblatt geschlossen war, befindet sich ein getheilter Quadrant B, dessen Mittelpunkt genau im Mittelpunkte des Papierblattes b liegt. c ist eine mit Millimetertheilung versehene Alhidade, auf der sich die mit Leuchtgas gespeiste Kastenflamme auf beliebige Entfernungen von b einstellen lässt. Durch Drehung der Alhidade auf dem Kreise B kann man einen beliebigen Einfallswinkel der von der Flamme auf das Papierblatt b fallenden Strahlen herstellen. Im Innern des Rohrs A befindet sich bei a ein Diaphragma von Zeichenpapier, dessen durch das seitliche Rohr f sichtbarer Mittelpunkt durch ein Körnchen eingeschmolzener Stearinsäure transparent gemacht ist. Beleuchtet man dies Diaphragma von D

aus durch eine constante schwache Lichtquelle, so erscheint der Stearinfleck bei einer gewissen Entfernung der Lichtquelle D, durch das Seitenrohr f betrachtet, weiss auf schwarzem Grunde; nähert man die Lichtquelle D, so verschwindet der Fleck bei einer gewissen Entfernung, und nähert man sie noch mehr, so tritt derselbe abermals, aber nun schwarz auf weissem Grunde, hervor. Lässt man nun die Strahlen der Kastenflamme, während die Lichtquelle D ungeändert bleibt, einmal senkrecht und dann unter einem am Quadranten gemessenen Einfallswinkel φ auf das Papierblatt b fallen, indem man beide Male die [215] Flamme auf der Alhidade so lange verschiebt, bis der Stearinfleck verschwindet, so ist bei beiden Stellungen der Flamme die Helligkeit der *dem Stearinfleck zugekehrten Seite* des Papiers dieselbe. Genügt nun wirklich das Papierblatt der geforderten Bedingung, so muss die aus der Stellung und Entfernung der Flamme *berechnete*, auf die *Vorderfläche des Papiers* auffallende Lichtmenge der von der Hinterfläche ausgehenden, durch den Stearinfleck gemessenen gleich sein.

Bezeichnet man mit $\varphi \varphi_1 \ldots$ die am Quadranten gemessenen Einfallswinkel, unter denen die Strahlen auf das Papierblatt gelangen, und mit $r r_1 \ldots$ diejenigen bei diesen Einfallswinkeln gemessenen Entfernungen der Flamme, bei welchen der Stearinfleck verschwindet, so muss also, wenn der geforderten Bedingung wirklich genügt wird,

$$\frac{\sin \varphi \, r_1^2}{\sin \varphi_1 \, r^2} = 1$$

sein.

Die Versuche gaben folgende Resultate:

Tab. 4.

		Schreibpapier.	Zeichenpapier.	Filtrirpapier.	
φ	90°	90°	90°	90°	90°
r	250	262	203	146	300
φ_1	56°15'	33°45'	22°30'	33°45'	33°45'
r_1	205	167	81	103	186
$\dfrac{\sin \varphi \, r_1^2}{\sin \varphi_1 \, r^2}$	0,83	0,73	0,42	0,89	0,69.

Man sieht, dass die Zahlen der untersten Horizontalspalte keineswegs $= 1$ sind, und dass mithin bei beleuchtetem Papier keine Proportionalität zwischen dem auf der Vorderseite auffallenden und dem von der Hinterseite ausgestrahlten Lichte stattfindet. Es blieb daher nur noch übrig, zu untersuchen, ob durch *unmittelbare* Beleuchtung des mit dem transparenten Stearinfleck versehenen Diaphragmas ein günstigeres Resultat zu erzielen sei. Die Versuche wurden zu diesem Zweck in ähnlicher Weise nur mit dem Unterschiede wiederholt, dass das Papierblatt entfernt und das [216] mit dem Stearinfleck versehene Diaphragma der Röhre an dessen Stelle gesetzt wurde. Bei dieser Anordnung gaben die Versuche:

Tab. 5.

φ	90°	90	90	90	90
r	225°	199	178	220	90
φ_1	22° 30′	33° 45′	45° 0′	67° 30′	78° 45′
r_2	140°	150	150	211	221
$\dfrac{\sin \varphi\, r_1{}^2}{\sin \varphi\, r_1{}^2}$	1,01°	1,02	1,00	1,02	0,993

Die Zahlen der untersten Horizontalspalte liegen so nahe an 1, dass man füglich die bei ihnen vorkommenden Abweichungen unvermeidlichen Beobachtungsfehlern zuschreiben kann. Papierdiaphragmen mit transparentem Stearinfleck bieten daher ein eben so einfaches als sicheres Mittel dar, photometrische Messungen von solchen Strahlen auszuführen, die unter den verschiedensten Winkeln gegen einen Punkt einfallen. Um am Himmelsgewölbe die für unsere Zwecke nöthigen Bestimmungen nach diesem Verfahren bequem und sicher ausführen zu können, haben wir folgendes Instrument angewandt: *l* Fig. 5 ist das die Blechröhre *b* verschliessende, mit Stearinfleck versehene Papierdiaphragma, welches genau in einer Ebene mit der an *b* gelötheten Metallplatte *cc* eingesetzt ist. Aus diesem inwendig mit matter weisser Farbe angestrichenen Rohre *b* läuft ein engeres, inwendig matt geschwärztes Rohr *d*

Fig. 5.

aus, welches so tief unterhalb *l* und unter einem solchen Winkel eingesetzt ist, dass man durch dasselbe den Stearinfleck

4*

des Diaphragmas *l* sehen kann. Um dies bequem bewerkstelligen zu können, ist unten der kleine, ebenfalls innen geschwärzte Kasten *e* angebracht, auf dessen Boden ein Spiegel liegt, in welchem man durch die Oeffnung *f* den Fleck des Diaphragmas beobachtet. Dem Rohr *b* entspricht eine Oeffnung im oberen Boden des im Innern weiss angestrichenen, vorn offenen Blechgehäuses *hi*. An dem diesem [217] Gehäuse zugewandten Ende der Röhre *b*, welche Fig. 6 in umgekehrter Stellung abgebildet ist, befindet sich der getheilte Kreis *aa*, dessen halbe Fläche ausgeschnitten ist. Ueber dieser ausgeschnittenen halbkreisförmigen Oeffnung lässt sich eine um das Centrum der Oeffnung drehbare halbkreisförmige Metallscheibe so drehen und einstellen, dass ein beliebiger an der Gradtheilung des Kreises messbarer Kreissector offen bleibt. Befindet sich in dem Gehäuse *hi* eine constante Lichtquelle, so empfängt die untere Fläche des Diaphragmas *l* eine Lichtmenge, welche durch den an der Kreistheilung ablesbaren Kreisbogen des offenen Licht durchlassenden Kreissectors gemessen wird. Nehmen wir an, dass der Bogen des geöffneten Kreissectors $180°$

Fig. 6.

betrage, und dass bei dieser Oeffnung die auf die untere Fläche des Diaphragmas *l* auffallende Lichtmenge mehr betrage, als die zu messende von oben auf dasselbe gelangende, so erscheint der Stearinfleck durch die Oeffnung *f* betrachtet dunkel auf hellem Grunde. Stellt man den offenen Kreissector am unteren Ende der Röhre *b* auf immer kleinere Bögen ein, so erscheint der Fleck stets heller und heller, bis er völlig verschwindet und nur noch eine völlig homogene weisse Fläche sichtbar ist. Verkleinert man den Kreissector noch mehr, so erscheint der Fleck wieder, aber nun hell auf dunklem Grunde. Hat man eine solche Einstellung bewerkstelligt, dass für eine Beleuchtung *A* der Fleck bei *l* gerade verschwunden ist, so wird jede durch irgend eine andere Lichtquelle auf *l* hervorgebrachte Beleuchtung der Beleuchtung *A* gleich sein, wenn auf dem Diaphragma abermals weder ein heller noch dunkler Fleck sichtbar ist.

Für Himmelsbeobachtungen wendet man zu dem Diaphragma *l* am besten möglichst weisses Zeichenpapier von ungefähr der doppelten Dicke des gewöhnlichen Schreibpapiers an. Ein kleiner nicht transparenter Ring auf transparentem, mit

Stearinsäure getränktem Papiergrunde eignet sich noch besser zum Beobachten, als ein blosser transparenter Fleck auf ungetränktem Papier. Um den ersteren zu erzeugen, verfährt man auf folgende Weise: man erwärmt [218] das Zeichenpapier auf einer mit Fliesspapier bedeckten Metallplatte und reibt eine kleine Menge auf dem erwärmten Papier geschmolzene Stearinsäure*) dergestalt mit dem Finger ein, dass ein möglichst kreisrunder ungetränkter Fleck übrig bleibt. Nach dem Erkalten der Platte legt man ein Körnchen Stearinsäure genau in das Centrum des ungeölten Flecks und erwärmt gelinde, bis die geschmolzene Säure von dem Papier eingesogen ist. Es bleibt dann ein kleiner ungetränkter Ring auf dem getränkten Papiergrunde zurück, der am zweckmässigsten gegen 1 bis 2^{mm} breit ist und 5 bis 6^{mm} im Durchmesser hält.

Da, wie bereits früher erwähnt, die Umstände nur erlauben, die chemischen Wirkungen einer bestimmten Kugelkreisfläche vom Zenith zu messen, so kam es, um die Wirkungen des gesammten Himmelsgewölbes bestimmen zu können, vor Allem darauf an, mittelst des eben beschriebenen Photometers die Lichtmenge, welche das ganze Himmelsgewölbe auf einen Punkt der Erdoberfläche aussendet, mit der Lichtmenge zu vergleichen, welche zu derselben Zeit von einer gemessenen Kugelkreisfläche des Zeniths auf denselben Punkt fällt. Da das photochemisch zu messende Himmelsstück 300 bis 800 mal lichtschwächer ist als das ganze Himmelsgewölbe, so reichte der Umfang unseres Instruments zur unmittelbaren Vergleichung so grosser Lichtunterschiede nicht mehr aus. Um daher das zu messende Licht auf einen bekannten Bruchtheil zu schwächen, haben wir uns einer concentrisch über das Photometerdiaphragma gesetzten hohlen, metallenen, innen geschwärzten Halbkugel, Fig. 7, bedient, die mit 184 in gleichen Entfernungen angebrachten Löchern von bekanntem und genau gleichem Durchmesser versehen war. Zur Messung des Flächenstücks am Himmel, dessen Helligkeit bestimmt werden sollte, diente ein innen geschwärzter Röhrenaufsatz, dessen oberes Ende mit einem ähnlichen Sectorenkreis versehen war, wie er sich am unteren Ende der

Fig. 7.

---

* In Ermangelung derselben kann man ein gewöhnliches Stearinlicht benutzen.

Photometerröhre b, Fig. 5, befindet. [219] Dieser Röhrenaufsatz konnte vermittelst einer kreisförmigen Nuth so auf den Teller cc des Photometers aufgesteckt werden, dass sich der Ring des Papierdiaphragmas im Mittelpunkte seines unteren Endes befand.

Man beginnt die Beobachtung damit, dass man die Halbkugel über das Diaphragma stellt und, während dasselbe durch die Löcher der Halbkugel vom Himmelsgewölbe beleuchtet wird, den unteren Kreissector des Photometers so weit öffnet, dass der Ring auf dem Papierdiaphragma gerade verschwindet. Die Lichtmenge, welche der Himmel unter diesen Umständen dem Diaphragmenringe zusendet, wollen wir $= 1$ setzen; beträgt der durch die Löcher hinweggenommene Theil der Halbkugeloberfläche Q, die ganze Oberfläche der Halbkugel aber Q_1, so ist die Lichtmenge, welche das ganze, ohne die Halbkugel auf das Diaphragma wirkende Himmelsgewölbe dem Diaphragmenringe zusenden würde.

$$\frac{Q_1}{Q}.$$

Ersetzt man nun, ohne weiter etwas an dem Apparate zu ändern, die Halbkugel durch den Röhrenaufsatz Fig. 6 und stellt man den oberen Kreissector so ein, dass der Ring des Diaphragmas wieder verschwindet, so empfängt das Diaphragma abermals die Lichtmenge 1. Nennen wir q den im Zenith liegenden Theil des ganzen Himmelsgewölbes, welcher sein Licht durch den Sector des Röhrenaufsatzes auf den Diaphragmenring ausstrahlt, und q_1 eine beliebig angenommene Kugelkreisfläche vom Zenith, ausgedrückt in derselben Einheit wie q, so ist die von dieser angenommenen Kugelkreisfläche q_1 auf das Diaphragma auffallende Lichtmenge $\frac{q_1}{q}$, und das Verhältniss der gemessenen ganzen Lichtmenge des Himmelsgewölbes zu der Lichtmenge der Kugelkreisfläche q_1

$$\frac{Q_1 q}{Q q_1}.$$

Ist dann die von dem Lichte des Zenithstücks q_1 auf einen Punkt des Beobachtungsortes ausgeübte chemische Wirkung w [220] bekannt, so erhält man die Wirkung W, welche das Licht des ganzen Himmelsgewölbes auf denselben Punkt ausübt, durch die Gleichung

$$W = \frac{Q_1}{Q} \cdot \frac{q}{q_1} w.$$

Das Verhältniss $\frac{Q_1}{Q}$ ergiebt sich leicht aus folgender Betrachtung: Ist r der Radius der Halbkugel, so ist $Q_1 = 2\pi r^2$; ist weiter d der Durchmesser eines Loches, so ist der durch dasselbe fortgenommene Theil der Halbkugel gleich

$$4\pi r^2 \sin^2 \frac{\Theta}{2},$$

wo Θ durch die Gleichung

$$\sin \Theta = \frac{d}{2r}$$

bestimmt ist. Sind n Löcher vorhanden, so ist also

$$Q = 4\pi r^2 \sin^2 \frac{\Theta}{2},$$

mithin

$$\frac{Q_1}{Q} = \frac{1}{2n \sin^2 \frac{\Theta}{2}}.$$

Bei unserem Apparate war $n = 184$; $d = 0{,}775^{mm}$; $r = 77{,}5^{mm}$. Daraus erhält man für $\frac{Q_1}{Q}$ den Werth 436.

q findet man auf folgende Weise: Es sei d_1 der Durchmesser der Oeffnung des auf dem Röhrenaufsatze befindlichen Sectorenkreises, r_1 die Entfernung eines Punktes der Peripherie dieser Oeffnung von dem Mittelpunkte des Stearinflecks des Papierdiaphragmas, endlich ψ der in Graden ausgedrückte Winkel des Sectors, durch welchen das Licht hindurchgelassen wird, so ist, wenn

$$\frac{d_1}{2r_1} = \sin \Theta_1$$

und die Oberfläche der Himmelskugel $= 2\pi$ gesetzt wird,

$$q = \frac{\psi}{360} 4\pi \sin^2 \frac{\Theta_1}{2}.$$

Setzt man q_1 (dessen Grösse willkürlich angenommen

werden kann) gleich dem 1000sten Theile des Himmelsgewölbes, d. h. setzt man

$$q_1 = \frac{2\pi}{1000},$$

so ist also

$$\frac{q}{q_1} = \frac{50}{9} \psi \sin^2 \frac{\Theta_1}{2}.$$

Bei unserem Apparat war $d_1 = 15{,}5^{mm}$; $r_1 = 190{,}6^{mm}$. Daraus folgt $\frac{q}{q_1} = 0{,}0197 \, \psi$.

Die auf ein horizontales Flächenelement vom ganzen Himmelsgewölbe auffallende Lichtmenge J, ausgedrückt durch die als Einheit angenommene Lichtmenge, welche zu derselben Zeit von einem Zenithstück ausgeht, das $\frac{1}{1000}$ vom ganzen Himmelsgewölbe beträgt, ergiebt sich daher aus der Gleichung

$$\frac{Q_1}{Q} \cdot \frac{q}{q_1} \psi = 8{,}58 \, \psi = J.$$

Um die Werthe von J genau zu erhalten, sind gewisse Vorsichtsmaassregeln unerlässlich, deren Nichtbeachtung zu selbst groben Fehlern Veranlassung geben würde. Vor Allem ist darauf zu achten, dass bei je zwei vergleichenden Beobachtungen die Helligkeit der inneren weissen Wände des Photometergehäuses ih, welches den Diaphragmenring von unten beleuchtet, keine Veränderung erleidet. Empfangen diese Wände ihr Licht durch Reflexe von Bergwänden, Häusermauern, oder anderen nahegelegenen Gegenständen, so kann schon ein zufällig auf solche Objecte fallender Schatten das Resultat der Messung unbrauchbar machen. Selbst dadurch, dass unvorsichtiger Weise bei der Einstellung am Sectorenkreise ein Theil des vom Himmel in das Gehäuse fallenden Lichts durch die Hand des Beobachters abgehalten wird, können erhebliche Fehler entstehen. Um vor diesen und allen anderen Irrthümern sicher zu sein, beleuchtet man die weissen Wände des Gehäuses lediglich nur mit Licht vom Himmelsgewölbe selbst, indem man alle anderen direct von der Sonne ausgehenden Bestrahlungen sorgfältig vermeidet. Dass weder die Oeffnung des Röhrenaufsatzes aa [222] Fig. 6, noch die Halbkugel Fig. 7, während der Beobachtungen direct von der Sonne beschienen werden darf, versteht sich von selbst. Man beschattet dieselben am besten durch eine Pappscheibe, welche in einiger Entfernung vom Instrumente mittelst einer

Stange vor die Sonne gehalten wird. Beträgt diese Entfernung gegen 3 m, so hat man nicht zu befürchten, dass dadurch noch ein messbarer Theil des vom Himmelsgewölbe ausgehenden Lichts mit abgehalten wird. Da die Helligkeitsverhältnisse des Himmelsgewölbes schon durch unerhebliche Wolkenmassen wesentlich verändert werden, so lassen sich allgemeine Schlüsse natürlicher Weise nur aus solchen Beobachtungen ziehen, welche an einem vollkommen wolkenlosen Himmel angestellt werden. Durchaus heitere Tage sind aber in unseren Breiten so selten, dass man deren kaum 8 bis 10 durchschnittlich auf den Zeitraum eines Jahres rechnen kann*). Wir müssen es daher als einen besonderen Glücksfall betrachten, dass wir eine vollständige Reihe stündlicher Helligkeitsbeobachtungen haben ausführen können, bei denen die Bläue des Himmelsgewölbes auch nicht durch den leisesten Anflug eines Wölkchens getrübt wurde. Diese Beobachtungen sind am 6. Juni 1858 auf dem Gipfel des 376 m über das Meeresniveau und 105 m über den Spiegel des vorbeifliessenden Neckars sich erhebenden Gaisbergs bei Heidelberg angestellt. Auf der bewaldeten Spitze dieses Hügels erhebt sich ein gegen 40 Fuss hohes Schaugerüst, welches die höchsten Baumgipfel überragt und nach allen Seiten hin einen vollkommen freien Horizont darbietet. Bei einer von Tagesanbruch bis nahe zu Sonnenuntergang anhaltenden, ziemlich starken Brise von Osten zeigte die Luft während der ganzen Dauer der Beobachtungen eine solche Klarheit, dass das jenseits der Rheinebene liegende, gegen 4 Meilen entfernte Hardtgebirge nicht nur in seinen Contouren, sondern selbst in seinen grösseren Reliefformen mit blossem Auge sichtbar blieb.

223 Das specielle bei den Beobachtungen befolgte Verfahren war Folgendes: Nachdem die durchlöcherte Halbkugel aufgesetzt, gehörig durch die Pappscheibe vor den directen Strahlen der Sonne geschützt, der Diaphragmenring durch Einstellung des unteren Kreissectors zum Verschwinden gebracht und dann die Zeit beobachtet war, wurde die Halbkugel rasch entfernt und durch den in gleicher Weise beschatteten Röhrenaufsatz ersetzt. Sobald durch Einstellung des an diesem letzteren befindlichen Sectorenkreises der Ring abermals zum Verschwinden gebracht war, wurde die Zeit wieder beobachtet und das Mittel beider Zeitbestimmungen als die Beobachtungszeit

---

*) In Rom giebt es nach achtjährigen Beobachtungen des Pater *Angelo Secchi* nur 21 solcher Tage im Jahre.

angenommen. Die in Graden und Zehnteln derselben gemessene Oeffnung ψ des Sectorenkreises am Aufsatzrohr giebt, wie wir oben gezeigt haben, mit 8,58 multiplicirt, die Lichtmenge J, welche der Diaphragmenring vom *gesammten* Himmelsgewölbe empfängt, wenn man als Einheit diejenige Lichtmenge annimmt, welche derselbe Diaphragmenring zu derselben Zeit von einem Stücke des Zeniths empfängt, welches den tausendsten Theil des gesammten Himmelsgewölbes umfasst.

Die folgende Tabelle giebt die am 6. Juni 1858 angestellten Messungen in Mitteln aus je vier unabhängig von einander ausgeführten Beobachtungen. Die erste Verticalspalte enthält die Nummer der Beobachtung, die zweite die auf wahre Sonnenzeit reducirten Beobachtungszeiten, die dritte die Werthe von ψ, und die vierte endlich die gesuchten aus ψ berechneten Werthe von J.

Tab. 6.

I.	II.	III. ψ.	IV. J.
1	5^{h} 38′ a. m.	88,8	762
2	6 8	86,0	738
3	7 25	74,2	637
4	8 52	56,0	481
5	9 32	50,1	432
6	10 9	47,2	405
7	10 43	42,0	360
8	11 26	37,8	324
9	12 1 p. m.	35,8	307
10	12 32	38,4	330
11	12 57	42,0	360
12	1 24	47,1	407
13	2 4	50,0	429
14	2 38	53,0	455
15	3 21	60,8	522
16	3 57	68,8	590
17	4 12	76,0	652
18	5 20	79,6	683
19	6 2	88,0	755

Die vom ganzen Himmelsgewölbe auf den, als Flächenelement gedachten, Diaphragmenring auffallenden Lichtmengen, welche unter J aufgeführt sind, drücken keineswegs die mit der jedesmaligen Helligkeit des Zeniths verglichenen *mittleren* Helligkeiten des ganzen Himmelsgewölbes aus, da nur die Strahlen vom Zenith das beleuchtete Flächenelement senkrecht trafen, alle übrigen von Punkten immer grösserer Zenithdistanzen ausgehende Strahlen aber in immer grösseren Einfallswinkeln auf das Diaphragma gelangten. Die mittlere Helligkeit des ganzen mit der jedesmaligen Zenithhelligkeit verglichenen Himmelsgewölbes würde sich eben so leicht bestimmen lassen, wenn man statt der angewandten eine andere durchlöcherte Halbkugel benutzte, bei der die Anzahl oder Grösse der angebrachten Löcher sich umgekehrt verhält, wie die Cosinusse ihrer Abstände von der Verticalen.

Die chemische Beleuchtung, welche vom gesammten Himmelsgewölbe auf ein horizontales Flächenelement der Erdoberfläche ausgeübt wird, hängt von dem Stande der Sonne über dem Horizonte und von der Beschaffenheit der Atmosphäre ab. Zeigte die letztere bei wolkenlosem Himmel [225] erhebliche Veränderungen der Durchsichtigkeit, so würde man nur, auf eine längere Reihe zu verschiedenen Jahreszeiten wiederholter Beobachtungen gestützt, hoffen dürfen, die nöthigen Mittelwerthe zu gewinnen, um daraus ein allgemeines Gesetz für die atmosphärische Extinction und die Vertheilung der photochemischen Kräfte auf der Erde ableiten zu können. Glücklicher Weise lässt sich aus der classischen Untersuchung über die Helligkeit der Fixsterne*), mit der *L. Seidel* die Wissenschaft bereichert hat, entnehmen, dass die atmosphärische Extinction bei wolkenlosem Himmel so wenig veränderlich ist, dass man ihre Schwankungen füglich vernachlässigen kann. *Seidel* spricht sich in einem zu München gehaltenen Vortrage**) über diesen Gegenstand in folgenden Worten aus:

»Es hat sich glücklicher Weise herausgestellt, was man kaum hoffen durfte zu finden, nämlich dass die Schwankungen, welche im Durchsichtigkeitsgrade der Luft von einer Nacht zur andern sich ergeben, bei einer mässigen Vorsicht in der Auswahl der Nächte sich in ziemlich engen Grenzen halten.«

Wir haben daher keinen Anstand genommen, von den Ungleichheiten in dem Extinctionsvermögen des wolkenlosen

---

*) Abhandl. der königl. bayer. Akad. d. W., II. Cl., VI. Bd., 3. Abth.
**) Wissenschaftliche Vorträge, gehalten zu München im Winter 1858, S. 301. Braunschweig bei *Vieweg u. Sohn*.

Himmels ganz abzusehen und die chemische Beleuchtung der Erdoberfläche lediglich als eine Function der Zenithdistanz der Sonne zu betrachten. Wir verhehlen uns dabei nicht, dass die aus einer verhältnissmässig nur geringen Zahl von Beobachtungen abgeleiteten Constanten der von uns gegebenen Formeln noch Unsicherheiten darbieten können, die nicht unerheblich sind. Aber wir glauben, und hoffen es später zu zeigen, dass der Grad von Zuverlässigkeit, welchen wir zu erreichen im Stande gewesen sind, genügt, um die empirischen Gesetze daraus herzuleiten, nach welchen die chemische von der Sonne stammende [226] Kraft für den Fall einer unbewölkten Atmosphäre auf der Erdoberfläche zur Vertheilung kommt.

Zur Berechnung der den Beobachtungszeiten entsprechenden Zenithdistanzen φ diente die Gleichung 5) $\cos\varphi = \cos\delta \cos t \cos p + \sin\delta \sin p$, wo δ die Declination der Sonne am Beobachtungstage $(+ 22° 39' 30'')$, p die Polhöhe des Beobachtungsortes $(49° 24' 25'')$ und t den Stundenwinkel der Sonne bedeutet.

Die folgende Tabelle 7 giebt die obigen Beobachtungen vom 6. Juni 1858 auf die den Beobachtungszeiten entsprechenden Zenithdistanzen der Sonne bezogen. Die erste Columne enthält die Zeit der Beobachtungen in wahrer Sonnenzeit; die zweite die diesen Zeiten entsprechenden Stundenwinkel; die dritte die entsprechenden Zenithdistanzen der Sonne, und die vierte giebt die Lichtmenge, welche ein Flächenelement vom gesammten Himmelsgewölbe empfängt, verglichen mit der zur Beobachtungszeit vom tausendsten Theile des Himmelsgewölbes im Zenith auf dieselbe Flächeneinheit fallenden Lichtmenge.

Tab. 7.

Nummer der Beobacht.	I. Zeiten der Beobacht.	II. t Stundenwinkel der ☉	III. φ Zenithdistanz der ☉	IV.
1	5ʰ 38' a. m.	95° 30'	76° 25'	762
2	6 8	88 0	71 44	736
3	7 25	68 45	59 19	637
4	8 52	47 0	45 24	481
5	9 32	37 0	39 28	432
6	10 9	27 45	34 31	405
7	10 43	19 15	30 45	360
8	11 26	8 30	27 34	321
9	12 1 p. m.	0 15	26 47	307

Photochemische Untersuchungen.

Nummer der Beobacht.	I. Zeiten der Beobacht.	II. t Stundenwinkel der ☉	III. φ Zenithdistanz der ☉	IV.
10	12ʰ 32′	8° 0′	27° 29′	330
11	12 57	14 15	29 1	360
12	1 24	21 0	31 27	407
13	2 4	31 0	36 11	429
14	2 38	39 30	40 54	455
15	3 21	50 15	47 26	522
16	3 57	59 15	53 10	590
17	4 42	70 30	60 28	652
18	5 20	80 0	66 38	683
19	6 2	90 30	73 18	755

227) Die Werthe J in der Spalte IV lassen sich als Function der Zenithdistanzen φ durch die lineare Gleichung

$$(6) \quad J = 77{,}0 + 9{,}275\,\varphi$$

mit einer den Fehlergrenzen der Beobachtungen entsprechenden Genauigkeit darstellen.

Mit Hülfe dieser Gleichung haben wir für die Zenithdistanzen der Sonne von 20° bis 90° das entsprechende Beleuchtungsvermögen des Himmelsgewölbes berechnet und in nachstehender Tabelle zusammengestellt.

Tab. 8.

φ	l	φ	l	φ	l	φ	l	φ	l	φ	l	φ	l
20	263	30	355	40	448	50	541	60	634	70	726	80	819
21	272	31	365	41	457	51	550	61	643	71	736	81	828
22	281	32	374	42	467	52	559	62	652	72	745	82	838
23	290	33	383	43	476	53	569	63	661	73	754	83	847
24	300	34	392	44	485	54	578	64	671	74	764	84	856
25	309	35	402	45	494	55	587	65	680	75	773	85	865
26	318	36	411	46	504	56	597	66	689	76	782	86	875
27	327	37	420	47	512	57	606	67	699	77	791	87	884
28	337	38	430	48	522	58	615	68	708	78	801	88	893
29	346	39	439	49	532	59	624	69	717	79	810	89	902
												90	912

Die Werthe von φ als Abscissen auf die zugehörigen Werthe von l als Ordinaten bezogen, geben die Curve Fig. 8 (s. nächste S.). Die neben derselben sichtbaren Kreuzchen stellen die Vormittags, und die Punkte die Nachmittags gemessenen Helligkeiten dar, und lassen deutlich erkennen, dass die Beleuchtungen durch das

Himmelsgewölbe Morgens und Nachmittags bei gleichen Zenithdistanzen nur wenig von einander abweichen, obwohl Temperatur und Feuchtigkeitszustand zu diesen verschiedenen Tageszeiten erheblich variiren mussten.

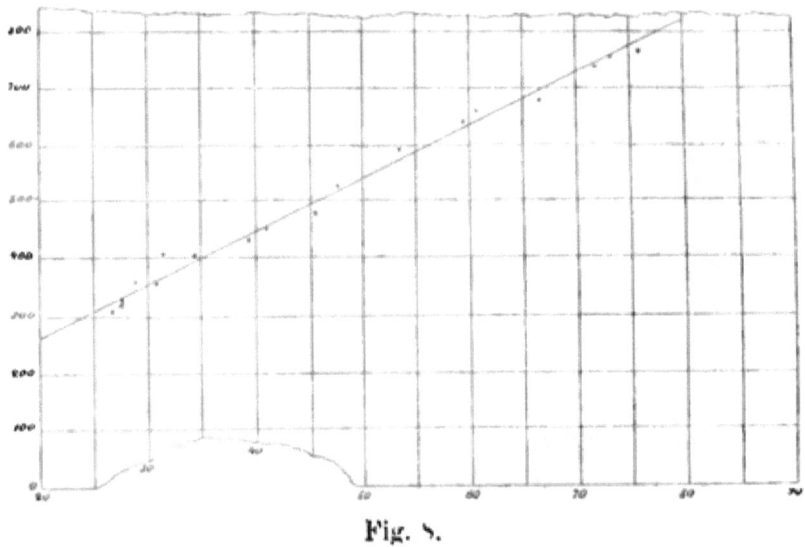

Fig. 8.

Tabelle 8 giebt also für eine beliebige Zenithdistanz der Sonne das Verhältniss der optisch gemessenen Lichtmenge, welche von einer bestimmten Kugelkreisfläche im Zenith geliefert wird, zu der ebenfalls optisch gemessenen Lichtmenge, welche vom gesammten Himmelsgewölbe ausgeht. Die chemisch gemessene Lichtmenge, welche von [**228**] derselben Kugelkreisfläche ausgeht, mit jener optisch gemessenen Lichtmenge des ganzen Himmels multiplicirt, muss daher die chemische Wirkung geben, welche vom gesammten Himmelsgewölbe auf ein horizontal gedachtes Flächenelement ausgeübt wird. Unserer oben gegebenen Definition zufolge ist aber die von einem solchen Zenithstück auf die Flächeneinheit ausgestrahlte Lichtmenge nichts anderes als die chemische Helligkeit jenes Zenithstücks. Wir haben daher eine Reihe solcher Helligkeitsbestimmungen mit unserem chemischen Photometer zu verschiedenen Zeiten und bei verschiedenen Zenithdistanzen der Sonne nach dem Verfahren ausgeführt, welches oben näher beschrieben ist. Ein Theil dieser Beobachtungen wurde am 18. October 1856, ein anderer am 23. Juli und 5. August 1858 bei heiterem Himmel mit einem Apparat angestellt, dessen Gasmischung das Maximum der Empfindlichkeit erreicht hatte. Die Resultate sind in folgender Tabelle zusammengestellt.

Tab. 9.

No. der Versuche	Wahre Sonnenzeit		Zenithdistanz der ☉		Wirkung in Scalentheilen	Chemische Helligkeit eines Zenithstücks von $\frac{1}{1000}$ des ganzen Himmelsgewölbes in Lichteinheiten
1	1856, 18. Oct.	6ʰ 46′ a. m.	90°	4′	0,00	0,0
2		6 51	89	17	0,6	23,23
3		5 55	88	39	0,8	32,48
4		7 3	87	25	1,9	71,13
5		7 7	86	48	2,19	81,0
6		7 17	85	16	3,15	116,3
7		7 23	84	22	4,42	126,5
8		7 41	81	41	4,81	177,6
9		8 5	78	14	6,01	222,2
10		8 11	77	25	6,40	236,8
11		8 33	74	27	7,82	289,2
12		9 8	70	7	8,56	316,6
13		3 53 p. m.	77	58	5,44	200,8
14	1858, 23. Juli	7 30 a. m.	60	21	6,94	485,8
15		7 52	56	47	7,93	555,1
16		8 52	47	21	10,06	704,2
17		9 46	39	36	11,82	827,4
18		10 15	36	0	13,04	912,8
19		10 48	32	37	13,72	960,4
20		11 20	30	22	15,26	1068,2
21		12 0	29	18	16,04	1122,8
22	1858, 5. Aug.	7 46 a. m.	60	1	7,59	531,3
23		8 11	56	1	8,65	605,4
24		8 51	49	52	9,79	685,3
25		9 17	46	5	10,32	722,4

[229] Zur Berechnung der in der letzten Verticalspalte angegebenen, in Lichteinheiten ausgedrückten Helligkeit ergeben sich für Vers. 1 bis 13 folgende Factoren: $R = 1,777$; $L = 1,45$; $N = 1,031$; $n = 2,249$; $d = 0^m,0530$; $r = 1^m,474$; bei den anderen Beobachtungen war $d = 0^m,059$ und $r = 2^m,260$, während die übrigen Werthe ungeändert bleiben.

Die chemischen Helligkeiten w der $\frac{1}{1000}$ vom ganzen Himmelsgewölbe betragenden Zenithkreisfläche, welche die letzte Verticalspalte enthält, lassen sich mit befriedigender Genauigkeit als Function der ihnen zugehörigen Zenithdistanzen der Sonne φ durch folgende Gleichung darstellen

$$(7) \quad w = 1182{,}7 - 13{,}85 \varphi + \frac{8884{,}9}{\varphi},$$

deren Zahlenwerthe nach der Methode der kleinsten Quadrate aus sämmtlichen Beobachtungen berechnet sind.

Mit Hülfe dieser Formel ist die folgende Tabelle 10 berechnet, welche also für die mit φ bezeichneten Zenithdistanzen der Sonne die Lichtmenge in Lichteinheiten angiebt, die von einer, den tausendsten Theil des ganzen Himmelsgewölbes ausmachenden, im Zenith liegenden Kugelkreisfläche auf ein an der Erdoberfläche gedachtes Flächenelement senkrecht auffallen.

[230]   Tab. 10.

Zenith-distanz der ☉ φ	Chem. Helligkeit in Lichteinh. w	φ	w	φ	w	φ	w
20°	1350,0	38	890,1	56	565,7	74	277,7
21	1315,0	39	870,2	57	549,0	75	262,2
22	1281,9	40	850,6	58	532,5	76	246,6
23	1250,6	41	831,5	59	515,9	77	231,1
24	1220,5	42	812,5	60	499,6	78	216,7
25	1192,0	43	793,6	61	483,5	79	201,2
26	1164,4	44	775,1	62	467,2	80	184,8
27	1137,7	45	756,8	63	451,1	81	170,4
28	1112,2	46	738,7	64	435,1	82	155,0
29	1087,4	47	720,8	65	419,2	83	139,7
30	1063,3	48	703,0	66	403,3	84	125,5
31	1039,9	49	685,3	67	387,2	85	110,3
32	1017,2	50	667,8	68	371,5	86	95,0
33	994,9	51	650,4	69	355,8	87	79,8
34	973,0	52	633,4	70	340,1	88	64,6
35	951,7	53	616,3	71	324,3	89	49,5
36	930,9	54	599,2	72	308,9	90	34,4
37	910,4	55	582,3	73	293,4		

Die Curve Fig. 9 s. nächste S. zeigt, wie genau sich die berechneten Werthe den beobachteten anschliessen. Die neben derselben befindlichen einfachen Punkte bezeichnen die am 23. Juli 1858 angestellten Beobachtungen; die kleinen kreisförmigen Bezeichnungen die am 5. August 1858, und die Kreuze die am 18. October 1856 angestellten. Da diese Beobachtungen in verschiedenen Jahren und zu verschiedenen Jahres- und Tageszeiten ausgeführt wurden, so lässt sich aus dem verhältnissmässig nahen Anschluss derselben an die berechnete Curve auch hier, wie bei den oben mitgetheilten optischen Himmelsbeobachtungen der Schluss ziehen, dass Veränderungen in der Temperatur und im Feuchtigkeitszustande der Luft keinen sehr erheblichen Einfluss auf die Lichtzerstreuung der nebelfreien und

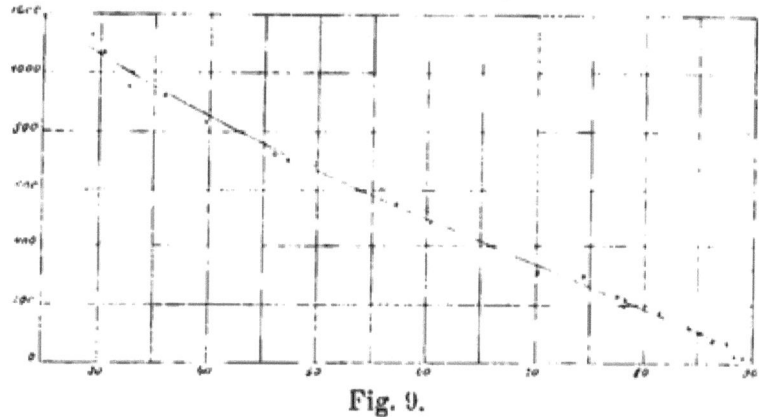

Fig. 9.

wolkenlosen Atmosphäre ausüben, und dass mithin die chemischen Wirkungen bei entgegengesetzten, gleich weit vom Culminationspunkte der Sonne abstehenden Stundenwinkeln ohne Gefahr eines merklichen Fehlers gleichgesetzt werden können.

[231] Nach diesen Untersuchungen können wir uns zur Bestimmung der chemischen Wirkung wenden, welche das gesammte wolkenlose Himmelsgewölbe auf ein horizontales Flächenelement bei den verschiedenen Zenithdistanzen der Sonne ausübt. Die mit l bezeichneten Zahlen der oben mitgetheilten Tabelle 8 geben das Verhältniss der vom ganzen Himmel auf das Flächenelement fallenden ebenfalls *optisch gemessenen* Strahlen zu den von einem bestimmten Zenithstück auf das Flächenelement fallenden ebenfalls *optisch gemessenen* Strahlen. In Tab. 10 sind ferner die *chemisch gemessenen* Wirkungen desselben Zenithstücks zusammengestellt. Da nun, wie wir früher gezeigt haben, bei *ein und derselben Lichtquelle* die optischen Wirkungen den chemischen proportional sind, so braucht man nur die gleichen Zenithdistanzen entsprechenden Zahlen beider Tabellen mit einander zu multipliciren, um die gesuchte Gesammtwirkung des ganzen Himmelsgewölbes zu erhalten. Die so gefundenen Wirkungen w_1 lassen sich als Function der Zenithdistanz der Sonne in einer für die weitere Rechnung bequemen Form durch die nach Potenzen der Cosinusse der Zenithdistanzen fortschreitenden Reihe

$$(8) \quad w_1 = a + b \cos \varphi + c \cos^2 \varphi + \cdots$$

ausdrücken, in der das vierte Glied schon vernachlässigt werden kann. Wir haben die Coëfficienten abc nach der Methode der kleinsten Quadrate aus folgenden acht Werthen von φ und w_1 berechnet

Tab. 11.

φ	w_1
90	31370
80	151400
70	246800
60	316700
50	361300
40	381100
35	382500
30	377500

[232. Die Rechnung giebt die Formel:

$$(9) \quad w_1 = 27760 + 808490 \cos \varphi - 459960 \cos^2 \varphi,$$

mit Hülfe deren die folgende Tab. 12 berechnet ist. In derselben ist die vom ganzen Himmelsgewölbe ausgehende chemische Wirkung w_1 nicht in Lichteinheiten, sondern in Lichtgraden, deren jeder 10000 Lichteinheiten enthält, ausgedrückt:

Tab. 12.

φ	w_1	φ	w_1	φ	w_1	φ	w_1	φ	w_1	φ	w_1
31	38,29	41	37,60	51	35,45	61	31,17	71	24,22	81	14,30
32	38,26	42	37,47	52	35,11	62	30,60	72	23,37	82	13,15
33	38,24	43	37,31	53	34,78	63	30,00	73	22,48	83	11,95
34	38,21	44	37,14	54	34,40	64	29,38	74	21,56	84	10,72
35	38,14	45	36,96	55	34,02	65	28,73	75	20,62	85	9,47
36	38,08	46	36,74	56	33,61	66	28,06	76	19,64	86	8,19
37	38,01	47	36,53	57	33,17	67	27,34	77	18,64	87	6,88
38	37,93	48	36,30	58	32,72	68	26,61	78	17,60	88	5,54
39	37,85	49	36,02	59	32,22	69	25,84	79	16,53	89	4,17
40	37,72	50	35,75	60	31,70	70	25,05	80	15,43	90	2,77

Diese Lichtgrade w_1 drücken also die chemische Wirkung aus, welche das gesammte Himmelsgewölbe in der Zeit einer Minute je bei der successiven Zenithdistanz der Sonne φ auf einem horizontalen Flächenelement der Erdoberfläche ausübt.

In der Curve Fig. 10 ist die Abhängigkeit der chemischen Wirkungen von den als Abscissen aufgetragenen Zenithdistanzen

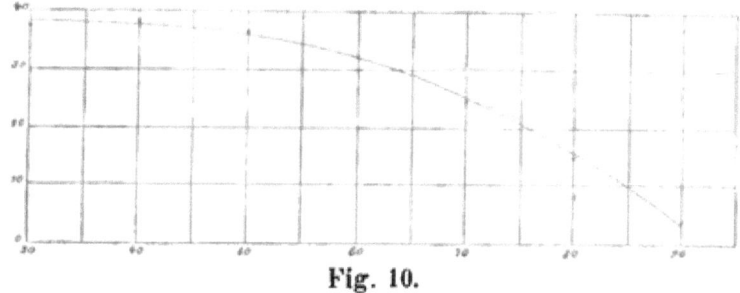

Fig. 10.

der Sonne graphisch dargestellt. Die neben derselben befindlichen Punkte bezeichnen die Werthe der Tab. 11, aus welchen die Curve abgeleitet ist, und zeigen, wie genau sich die beobachteten Zahlen den berechneten anschliessen.

Mit Hülfe der eben gegebenen Gleichung

$$\cos \varphi = \cos \delta \cos p \cos t + \sin \delta \sin p$$

und der auf *Lichtgrade* sich beziehenden Formel

9) $\quad w_1 = 2{,}776 + 80{,}849 \cos \varphi - 45{,}996 \cos^2 \varphi$

oder der Tabelle 12 lässt sich das chemische Beleuchtungsvermögen des heiteren Himmels für einen geographisch bestimmten [233] Ort und eine gegebene Zeit berechnen. Wir geben als Beispiel einer solchen Berechnung das in Lichtgraden ausgedrückte Beleuchtungsvermögen w_1, welches zur Zeit der Tag- und Nachtgleichen während der verschiedenen Tagesstunden zu Cairo, Neapel, Heidelberg, Manchester, Petersburg, Reykjavík und auf der Melville-Insel von der wolkenfreien Atmosphäre ausgeübt wird.

Tab. 13.

				Melville-Insel	Reykjavík	Petersburg	Manchester	Heidelberg	Neapel	Cairo
6ʰ a. m.	od.	6ʰ	p. m.	27,70	2,77	2,77	2,77	2,77	2,77	2,77
7 »	»	5	»	8,06	11,32	14,19	14,19	15,09	16,84	18,59
8 »	»	4	»	12,61	18,22	20,13	22,61	24,21	26,77	29,15
9 »	»	3	»	16,20	23,34	25,64	28,72	30,24	32,87	35,03
10 »	»	2	»	18,78	26,76	29,20	32,30	33,74	35,80	37,58
11 »	»	1	»	20,32	28,67	31,14	34,10	35,43	37,20	28,23
12 »	»			20,83	29,30	31,74	34,67	35,91	37,49	38,30

Die aus diesen Zahlen construirten Curven Fig. 11 geben eine graphische Darstellung von diesen stündlichen Variationen

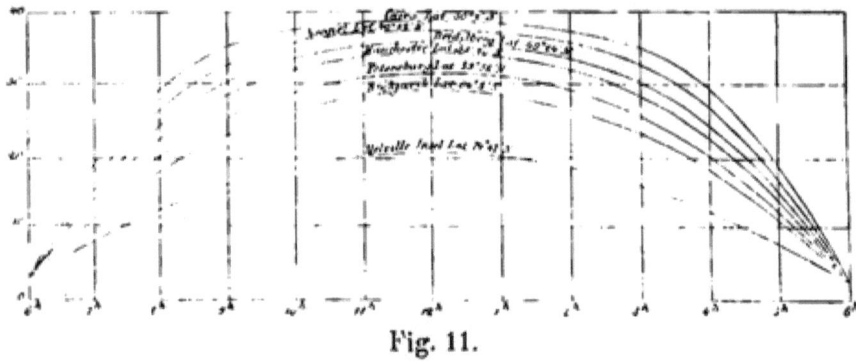

Fig. 11.

der chemischen Lichtzerstreuung des wolkenlosen Himmels zu dieser Zeit der Tag- und Nachtgleichen.

Wir gehen nun zur Berechnung der chemischen Wirkungen über, welche das durch atmosphärische Lichtzerstreuung während eines längeren Zeitraums zur Erde gelangende Licht auf ein horizontal gedachtes Flächenelement ausübt.

Es bedeute wie früher w_1 die Wirkung dieses Lichts während einer Minute bei dem Stundenwinkel der Sonne t; W sei die Wirkung desselben während einer Zeit, in der der Stundenwinkel von $t_\prime$ bis $t_{\prime\prime}$ wächst, dann ist

$$W = \frac{12 \times 60}{\pi} \int_{t_\prime}^{t_{\prime\prime}} w_1 \, dt$$

vorausgesetzt, dass die Einheit, in der der Stundenwinkel ausgedrückt wird, der Winkel ist, dessen Bogen dem Radius gleich ist. Nun ist aber [234]

$$w_1 = a + b \cos \varphi + c \cos^2 \varphi$$

und

$$\cos \varphi = \sin \delta \sin p + \cos \delta \cos p \cos t;$$

daraus ergiebt sich, wenn man der Kürze wegen setzt:

$$\sin \delta \sin p = \alpha$$
$$\cos \delta \cos p = \beta$$

$$(10) \quad W = \frac{12 \times 60}{\pi} \left\{ \begin{array}{l} \left[a + b\alpha + c\left(\alpha^2 + \dfrac{\beta^2}{2}\right)\right](t_{\prime\prime} - t_\prime) \\ + (b\beta + 2c\alpha\beta)(\sin t_{\prime\prime} - \sin t_\prime) \\ + \tfrac{1}{4} c\beta^2 (\sin 2t_{\prime\prime} - \sin 2t_\prime) \end{array} \right\}.$$

Dieser Ausdruck vereinfacht sich etwas, wenn man die Wirkung für den ganzen Tag von Sonnenaufgang bis Sonnenuntergang sucht; es wird dann

$$t_{,} = - t_{,,}$$

und

$$\cos t_{,,} = - \operatorname{tg} \delta \operatorname{tg} p \text{ d. h.} = - \frac{\alpha}{\beta}$$

und daher

$$W = \frac{24 \times 60}{\pi} \left\{ \begin{array}{l} \left[a + b\alpha + c\left(\alpha^2 + \frac{\beta^2}{2}\right)\right] t_{,,} \\ + (b\beta + \tfrac{3}{2} c\alpha\beta) \sin t_{,,} \end{array} \right\}.$$

Noch viel einfacher wird diese Gleichung, wenn man sie auf die Zeit der Frühlings- oder Herbst-Tag- und Nachtgleiche anwendet; es wird dann $\delta = 0$, $\alpha = 0$, $\beta = \cos p$, $t_{,,} = \frac{\pi}{2}$, also

$$W = 12 \times 60 \left(a + \frac{2}{\pi} b \cos p + \tfrac{1}{2} c \cos^2 p\right),$$

oder, wenn man für $a b c$ die gefundenen Zahlenwerthe setzt:

$$W = 1998{,}7 + 37058 \cos p - 16559 \cos^2 p.$$

Wendet man diese Formel auf die in Tab. 13 angenommenen Orte an, so ergeben sich für die in Lichtgraden ausgedrückten chemischen Wirkungen, welche das gesammte Himmelsgewölbe zur Zeit der Tag- und Nachtgleichen von Sonnenaufgang bis zu Sonnenuntergang auf ein horizontales Flächenelement der Erdoberfläche ausübt, folgende Werthe:

[235]

Tab. 13b.

Melville-Insel	10590
Reykjavík	15020
Petersburg	16410
Manchester	18220
Heidelberg	19100
Neapel	20550
Cairo	21670

Wir brauchen kaum zu erwähnen, dass diese Zahlen und die Schlüsse, aus denen sie hergeleitet sind, nur gelten können für eine nebel- und wolkenfreie Atmosphäre, deren zerstreutes Licht auf einen nicht allzu hoch über dem Meeresniveau liegenden Punkt fällt. Für Orte, welche der oberen Grenze der Atmosphäre näher liegen, müssen diese Beziehungen begreiflicher Weise ganz andere werden. Das Gesetz, nach welchem die Lichtzerstreuung in der Atmosphäre sich mit der Höhe ändert, kann zwar nach einer ähnlichen wie der von uns befolgten Methode empirisch bestimmt werden, aber leider nur durch eine Reihe von messenden Beobachtungen, welche eine längere Musse und grössere Mittel, als uns zu Gebote stehen, in Anspruch nehmen würden.

Ganz regellos werden die chemischen Wirkungen der atmosphärischen Lichtzerstreuung, wenn die Bläue des Himmels durch Nebelschleier oder Wolken getrübt wird. Das chemisch wirkende Licht, welches unter diesen Umständen die Erdoberfläche trifft, wechselt so regellos nach Zeit und Intensität wie die übrigen Witterungsverhältnisse, welche von dem thermischen und hygroskopischen Zustande der Atmosphäre abhängen. Ohne schon hier auf die Mittel näher einzugehen, durch welche man die von solchen atmosphärischen Vorgängen abhängigen photochemischen Messungen ausführen kann, wollen wir an dieser Stelle nur an einem Beispiele zeigen, wie wandelbar in dieser Beziehung die Wirkungen des bewölkten Himmels sind. Wir lassen zu diesem Zweck eine Reihe von Beobachtungen folgen, welche am 5. October 1856 zu Heidelberg angestellt worden sind.

[236] Die erste Verticalcolumne giebt die Zeit der Beobachtung, die zweite die Lichtmenge in Lichteinheiten, welche von dem im Zenith befindlichen tausendsten Theile des ganzen Himmelsgewölbes senkrecht auf ein Flächenelement des Erdbodens ausgestrahlt wird.

Tab. 14.

I.	II.
7^h 24′ a. m.	617
7 54	670
8 2	963
8 36	1165
8 42	1314
9 0	1687
9 12	1537

Photochemische Untersuchungen.

I.	II.
9ʰ 15′ a. m.	1469
9 30	1686
9 50	1797
9 56	1631
10 2	1934
10 47	1881
10 53	1731
11 0	1881
11 6	1921
11 31	2274
11 37	2231
11 38	1650
12 4 p. m.	1660
1 1	1491
1 7	1475
2 11	675
2 22	836
2 28	765
3 20	370
3 27	450
3 33	445
4 16	304
4 41	188

[237] Um ein anschauliches Bild von den chemischen Helligkeitsphasen eines solchen durch Wolken getrübten Himmelsstücks zu geben, haben wir die Beobachtungen durch die

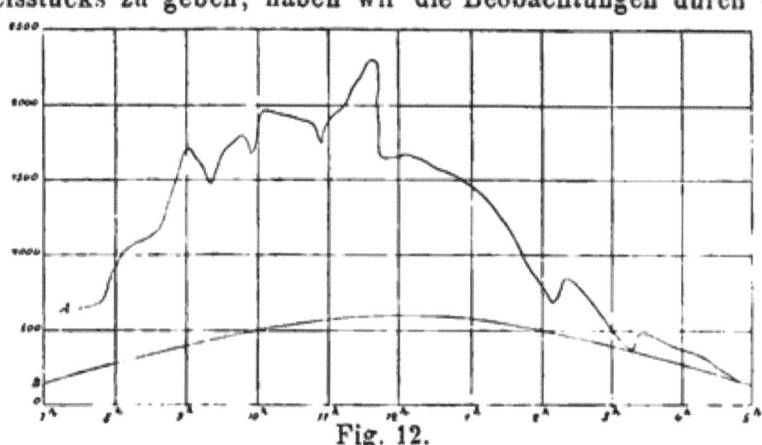

Fig. 12.

Curve A, Fig. 12, dargestellt, deren Abscissen die Tageszeit und deren Ordinaten die chemischen Wirkungen in Lichteinheiten darstellen. Zur Vergleichung haben wir ausserdem die den einzelnen Tagesstunden am Beobachtungstage entsprechenden Wirkungen, welche von dem zur Beobachtung gewählten Himmelsstück *bei wolkenloser Atmosphäre* ausgeübt sein würden, berechnet und durch eine zweite darunter gezeichnete Curve B dargestellt.

Von 7^h a. m. bis nahe an 12^h war der Himmel mit einem Wolkenschleier von wechselnder Dichtigkeit bedeckt, durch welchen die Sonne nur schwach hindurchschien. In den ersten Nachmittagsstunden verlor sich die atmosphärische Trübung allmählich, so dass nach 2^h und 3^h nur noch einzelne lichte Wolken über den Zenith hinwegzogen und der Himmel bald nach 3^h und $4^h\frac{1}{2}$ wolkenlos war. Diese Veränderungen drücken sich in der Curve A deutlich aus. Bei Betrachtung derselben sieht man, dass ein leichter Wolkenschleier das Beleuchtungsvermögen des zur Beobachtung gewählten Himmelsstücks um mehr als das Vierfache erhöhen konnte, dass die Entschleierung des Himmels am Nachmittage viel rascher und regelmässiger erfolgte, als die Umwölkung des Morgens, und dass die lichten Wolken, welche um $2^h 22'$ und um $3^h 30'$ durch den Zenith zogen, sich als zwei Maxima in der Curve zu erkennen geben.

Zeigen diese Beobachtungen einerseits, dass eine dünne Bewölkung das chemische Beleuchtungsvermögen der Atmosphäre in der auffallendsten Weise erhöhen kann, so haben uns andererseits vielfache Beobachtungen gezeigt, dass dichtere Wolkenschichten, wie sie einem Regenschauer oder einem Gewitter voranzugehen pflegen, die chemische Wirkung des Himmelsgewölbes bis zu einem solchen Grade zu schwächen vermögen, dass unser Instrument zu ihrer Nachweisung nicht mehr ausreicht.

Die Wolken sind daher nicht blos Collectoren der atmosphärischen [238 Niederschläge, sondern sie beherrschen auch als mächtige Reflectoren des Lichtes die Zufuhr der chemischen Kraft, welche für das Leben der Pflanze eben so unentbehrlich ist wie die Feuchtigkeit oder die Wärme des Bodens und der Luft.

Nach diesen Betrachtungen über das zerstreute Himmelslicht können wir zu den chemischen Wirkungen übergehen, welche die von der Sonne direct ausgehenden Strahlen ausüben.

3. Chemische Wirkungen des directen Sonnenlichts.

Um für die Theorie dieser Wirkungen eine Grundlage zu gewinnen, wurde bei wolkenlosem Himmel für verschiedene Zenithdistanzen der Sonne mit unserem Instrumente die Salzsäuremenge gemessen, welche das um einen bestimmbaren Werth geschwächte, die ganze Fläche des Insolationsgefässes senkrecht durchstrahlende Sonnenlicht in der Minute erzeugt. Wir liessen zu diesem Zweck die durch einen *Silbermann*'schen Heliostaten gerichteten Sonnenstrahlen durch eine feine Oeffnung in dünner Platte gehen und das dadurch erzeugte Sonnenbild auf das Insolationsgefäss so auffallen, dass die ganze Wasserstoff-Chlorschicht überall gleichmässig durchstrahlt war. Die Stellung, wo dies der Fall ist, kann dadurch leicht gefunden werden, dass man das Sonnenbild hinter dem Insolationsgefässe auf einem Papierblatte auffängt, und den Apparat so lange verrückt, bis der Schatten des Insolationsgefässes in die Mitte des Sonnenbildes fällt. Die feine Oeffnung, durch welche das Sonnenlicht erzeugt wird, muss, da ihr Areal genau zu bestimmen ist, sehr sorgfältig gebohrt werden. Man legt am besten zu diesem Zwecke ein nur papierdickes Kupferblech auf eine dünne Zinnplatte, durchbohrt dasselbe mit einer feinen, als Spitzbohrer zugerichteten Nähnadel, und entfernt den Grat, indem man das Blech auf einem befeuchteten Wetzschiefer-Schleifstein mit aufgedrücktem Finger abschleift und zwischendurch mit der Nadelspitze wieder nachbohrt, bis die kreisförmige Oeffnung unter [239] dem Mikroskop betrachtet keine Ungleichförmigkeit mehr zeigt.

Der Durchmesser des Loches wurde unter einem *Plössl*-schen Mikroskop mittelst des Schraubenmikrometers sorgfältig gemessen, und die Entfernung des Insolationsgefässes von dem in der Lade des dunkeln Zimmers angebrachten Loche bestimmt. Beträgt diese Entfernung b und der gemessene Durchmesser des Loches d, so erhält man den scheinbaren Durchmesser λ des vom Insolationsgefäss aus gesehenen Loches aus der Formel

$$\operatorname{tg} \tfrac{1}{2} \lambda = \frac{d}{2b}.$$

Das Quadrat dieses scheinbaren Durchmessers λ verhält sich aber zum Quadrate des scheinbaren Durchmessers der Sonnenscheibe $\lambda_{,}$, wie die beobachtete Wirkung zu derjenigen Wirkung, welche die frei auf das Insolationsgefäss scheinende Sonne gegeben haben würde. Um die gesammte von der Sonne ausgehende Wirkung zu erhalten, hat man daher nur die beobachtete Wirkung mit dem Factor

$$A = \frac{\lambda_1^2}{\lambda^2}$$

zu multipliciren.

Der Factor zur Verwandlung der direct beobachteten Wirkungen in Lichteinheiten war, wie bei den früheren Berechnungen, so auch hier

$$n = 2{,}249.$$

Der Factor N, durch welchen die Angaben unseres Instruments von den Reflexionen an den Wänden des Insolationsgefässes unabhängig gemacht werden, ergiebt sich nach Formel (1):

$$N = \frac{1 - \gamma r}{1 - r},$$

worin $\frac{2\varrho}{1+\varrho} = r$ und $10^{-ah} = \gamma$ gesetzt ist und ϱ den Reflexionscoëfficienten von Glas in Luft, h die Dicke der im Insolationsgefäss durchstrahlten Chlorknallgasschicht und a den Extinctionscoëfficienten des directen Sonnenlichts für Chlorknallgas bedeutet.

[240] Da ϱ und h aus unseren früheren Versuchen bekannt sind, so war nur noch a zu bestimmen. Dies geschah auf folgende Weise: Wir schalteten zwischen das kleine im Fensterladen angebrachte Loch und das Insolationsgefäss einen mit Luft gefüllten Durchstrahlungscylinder von der Abh. II, S. 46 (S. 25 der ersten Hälfte beschriebenen Gestalt ein und maassen die Wirkung des durch das kleine Loch erzeugten Sonnenbildes. Der leere Cylinder wurde nun durch einen mit Chlorknallgas unter den nöthigen Vorsichtsmaassregeln gefüllten ersetzt, und die Wirkung w abermals bestimmt. Nach Entfernung des mit dem sensibeln Gase gefüllten Cylinders endlich wurde der erste Versuch mit dem leeren Cylinder noch einmal wiederholt. Dabei wurde die in die Mitte der einzelnen Beobachtungsreihen fallende Zeit notirt. Aus dem ersten und letzten mit dem nur Luft enthaltenden Cylinder angestellten Versuche bestimmten wir durch Interpolation die Wirkung w_1, welche das Sonnenbild zu der Zeit der Wasserstoffchlordurchstrahlung ohne die eingeschaltete Wasserstoffchlorschicht hervorgebracht haben würde. Nennt man die

Dicke der auf 0° C. und $0^m,76$ reducirten Wasserstoffchlorschicht im Durchstrahlungscylinder h_1, und sieht man ab von der Extinction durch die zweite und die folgenden Reflexionen im Innern des durchstrahlenden Cylinders, was ohne merkliche Fehler geschehen kann, so erhält man nach S. 5 unserer Abhandlung IV den Extinctionscoëfficienten α aus der Gleichung

$$\alpha = \frac{1}{h_1} \log\left(\frac{w_1}{w}\right).$$

Die folgende Tabelle giebt die bei den Zenithdistanzen der Sonne φ durch den Versuch gefundenen Grössen w_1 und w und die daraus berechneten Werthe von α. Die innere Tiefe des mit der Chlormischung bei 22°C. und $0^m,7570$ angefüllten Cylinders betrug bei allen Versuchen $32,3^{mm}$. Die Dicke der durchstrahlten auf 0° und $0^m,76$ reducirten Wasserstoffchlorschicht war daher $29,8^{mm}$.

[241]   Tab. 15.

φ	w	w_1	α
61° 28	3,41	14,03	0,0190
58 26	3,72	15,45	0,0191
50 20	4,35	18,40	0,0194

Das Mittel aus diesen Versuchen giebt für den Extinctionscoëfficienten des directen Sonnenlichts in Chlorknallgas $0,01923 = \frac{1}{52}^{mm}$. Mit Hülfe dieses Werthes erhält man zunächst aus der oben angegebenen Formel (1)

$$N = 1,036.$$

Die Versuche erfordern noch eine andere sehr erhebliche Correction.

Das Sonnenlicht wurde nämlich durch einen *Silbermann*schen Heliostaten in unser dunkeles Zimmer geführt. Derselbe war so aufgestellt, dass sein aus Spiegelmetall bestehender Spiegel mit der Oeffnung der Fensterlade in einer horizontalen Ebene lag. Hinter der Oeffnung der Lade wurde das Licht bei einem Versuch nach einer abermaligen Reflexion von einem Stahlspiegel und bei den übrigen Versuchen ohne diese zweite Reflexion in derselben horizontalen Einfallsebene auf das Insolationsgefäss reflectirt. Bei diesen Reflexionen geht durch Extinction und durch Polarisation eine Lichtmenge verloren, welche von den Einfallswinkeln und den Winkeln, welche die

Reflexionsebenen mit einander bilden, abhängt, und welche daher mit in Rechnung gezogen werden muss. Für den Fall der zweifachen Reflexion ergiebt sich dieser Lichtverlust durch folgende Betrachtung:

Von einem Stahlspiegel 1 Fig. 13a werde unter dem Einfallswinkel i ein Lichtstrahl reflectirt; der einfallende Strahl habe die Intensität 1; der reflectirte hat die Intensität p^2, wenn das einfallende Licht parallel der Einfallsebene polarisirt; die Intensität s^2, wenn das einfallende Licht senkrecht zur Einfallsebene polarisirt ist. Von Jamin finden sich zwei Tafeln in Pogg. Ann., Ergänzungsbd. II, 1848, S. 445, deren obere p, deren untere s als Function von i angibt. Es sei

Fig. 13a.

242 $\qquad$ für $i = i_1 \quad p = p_1, \quad s = s_1$
$\qquad\qquad i = i_2 \quad p = p_2, \quad s = s_2.$

Ein Lichtstrahl wird von den beiden Spiegeln 1 und 2 Fig. 13b, deren erster aus Spiegelmetall und deren zweiter aus Stahl besteht, unter den beiden Einfallswinkeln i_1 und i_2 reflectirt; der Winkel, den die beiden Reflexionsebenen mit einander bilden, sei β. Der einfallende Strahl hat die Intensität 1 und ist natürliches Licht; die Intensität S des zweimal reflectirten Strahls ist dann

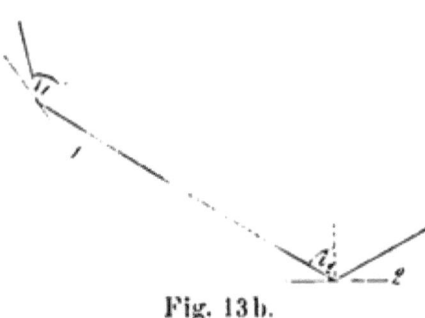

Fig. 13b.

$$S = \tfrac{1}{2}\left\{ \begin{array}{l} p_1^2 \left(p_2^2 \cos^2\beta + s_2^2 \sin^2\beta\right) \\ + s_1^2 \left(p_2^2 \sin^2\beta + s_2^2 \cos^2\beta\right) \end{array}\right\}.$$

Die beobachtete chemische Wirkung durch S dividirt, giebt daher die Wirkung, welche beobachtet sein würde, wenn das Sonnenlicht direct ohne vorherige Reflexion auf das Insolationsgefäss gewirkt haben würde. Um S zu berechnen, muss für jede Beobachtung i_1, i_2 und β ermittelt werden. Der zweite Einfallswinkel i_2 wurde direct gemessen.

Um den mit dem Laufe der Sonne veränderlichen Einfallswinkel i_1 zu berechnen, denken wir uns um den Einfallspunkt des Lichtstrahls auf den Heliostatenspiegel eine Kugel beschrieben und aus dem Mittelpunkte Linien gezogen nach der

Sonne, dem Weltpole, dem Südpunkte des Horizonts und nach der Richtung des reflectirten Strahls. Die vier Schnittpunkte dieser Linien mit der Kugeloberfläche seien der Reihe nach $SPMR_1$ Fig. 14. Der Winkel SR ist doppelt so gross als der Einfallswinkel des Lichtstrahls. Man findet denselben aus der Betrachtung des sphärischen Dreiecks PSR_1. Von diesem Dreieck kennt man zunächst die Seite $PS = 90° = \delta$, wo δ die Declination der Sonne bedeutet. Die Seite R_1P und den Winkel $R_1 PS$ findet man auf folgende Weise.

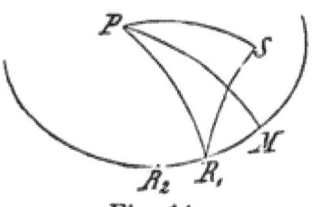

Fig. 14.

In dem sphärischen Dreieck PMR_1 ist das direct gemessene Azimuth MR_1, welches das Loch in der Lade mit dem Meridian macht, bekannt; Winkel PMR_1 ist ein rechter und [243] $MP = 180 - p$, wo p die Polhöhe bezeichnet. Daraus folgt:

$$\cos PR_1 = -\cos MR_1 \cos p$$

und

$$\sin MPR_1 = \frac{\sin MR_1}{\sin PR_1}.$$

Der Winkel SPR_1 ist aber $= MPR_1 + t$, wenn t den für den Vormittag positiv gesetzten Stundenwinkel der Sonne bedeutet. Man hat daher für $R_1 S$ oder den Winkel $2i_1$, welchen der auf den Heliostatenspiegel einfallende Strahl mit dem reflectirten macht

$$\cos RS = \cos 2i_1 = \cos PR_1 \cos (90 - \delta)$$
$$+ \sin PR_1 \sin (90 - \delta) \cos (R_1 PM + t);$$

β ergiebt sich einfach wie folgt: SR_1 Fig. 14 ist die erste Reflexionsebene, $R_1 R_2$ die zweite Reflexionsebene; daher

$$\beta = PR_1 M - PR_1 S$$

und

$$\sin PR_1 S = \frac{\sin PS \sin SPR_1}{\sin SR_1}.$$

Fällt die zweite Spiegelreflexion hinweg, so wird der Werth von S einfach

$$S = \tfrac{1}{2}(p_1^2 + s_1^2).$$

Fassen wir alle diese Betrachtungen zusammen, so erhält man aus den direct an unserem Instrumente beobachteten Wirkungen w_0 diejenigen in Lichtgraden W_0 ausgedrückte Wirkung, welche die frei auf das Insolationsgefäss scheinende Sonne, wenn keinerlei auslöschende Einflüsse mitgewirkt hätten, hervorgebracht haben würde, durch die Formel

$$W_0 = \frac{n_1 NA}{10000\, S} \cdot w_0.$$

Die folgende Tabelle 14 giebt eine Reihe von Beobachtungen, welche wir am 3. August 1857 und am 14. und 15. September 1858 bei vollkommen heiterem Himmel mit Chlorknallgas von grösster Empfindlichkeit auf die angegebene Weise ausgeführt haben. Bei den mit zwei Spiegeln, einem Heliostatenspiegel von Spiegelmetall und einem Spiegel [244] von Stahl, angestellten Beobachtungen am 3. August 1857 waren die Elemente zur Berechnung von A und S folgende

$$\lambda = 17'',34;\ \lambda_1 = 1894'',6;\ i_2 = 72°50';\ MR_1 = 45°7';$$
$$\delta = +17°29';\ p = 19°24'.$$

Für die nur mit der einen Spiegelreflexion des Heliostaten am 14. und 15. September 1858 angestellten Versuche war:

$$\lambda = 21'',22;\ \lambda_1 = 1912'';\ MR_1 = 73°14';$$
$$\delta = +3°26'\ \text{für den 14. und} +3°1'\ \text{für den 15.};$$
$$p = 19°24'.$$

Tab. 14.

3. August 1857 bei 0,7560 Barom.

I. Wahre Zeit	II. Zenithdistanz der ☉	III. Beobachtete Wirkung ω_0	$W_0 = \frac{n_1 NA}{J}\omega_0$	S
7h 59'	57° 35'	8,70	63,13	0,384
8 42	50 51	12,11	89,21	0,378
9 14	46 8	12,56	92,96	0,376

14. September 1858 bei 0m,7550 Barom.

8h 1'	68° 34'	8,44	26,23	0,631

15. September 1858 bei 0m,7562 Barom.

7h 9'	76° 30'	1,52	5,54	0,637
7 26	73 49	4,22	15,50	0,633
7 40	71 37	6,09	22,43	0,631
8 0	68 34	7,56	27,85	0,631
8 7	67 30	8,38	38,87	0,631
8 26	64 42	12,48	45,85	0,633
8 54	60 48	17,09	62,59	0,634
9 14	58 11	18,51	67,61	0,636

Die mit abnehmender Zenithdistanz der Sonne wachsende chemische Wirkung der Sonnenstrahlen, welche sich an den Zahlen der II. und IV. Columne der vorstehenden Tabelle zu erkennen giebt, hat ihren Grund in der durch die Atmosphäre bewirkten Extinction der chemischen Strahlen. Um das Gesetz dieser Extinction abzuleiten, können wir, ohne einen merklichen Fehler zu begehen, von der Krümmung der Erdoberfläche absehen und die Atmosphäre [245] als eine ebene Schicht betrachten. Da die Extinction in ein und derselben Masse bei verschiedener Dichtigkeit dieser Masse unverändert bleibt, vorausgesetzt, dass die verschiedene Dichtigkeit, wie es in der Atmosphäre der Fall ist, in jeder Gasschicht eine gleichförmige bleibt, so vereinfacht sich die Betrachtung noch mehr, wenn man sich die Atmosphäre als eine die Erde umhüllende, in allen Höhen gleich dichte Gasschicht von 0,76 Quecksilberdruck und 0° C. vorstellt. Wir beziehen uns daher im Folgenden auf eine solche ideelle Atmosphäre. Bezeichnet man die chemische Wirkung eines Sonnenstrahls, ehe er diese ideelle Atmosphäre durchlaufen hat, mit A, und seine Wirkung, wenn er darin eine Schicht von der Länge l durchlaufen hat, mit W_0, so ergiebt sich unseren früheren Betrachtungen zufolge die Gleichung

$$W_0 = A \, 10^{-\alpha l},$$

wo $\dfrac{1}{\alpha}$ die Wegstrecke bedeutet, nach welcher die ursprüngliche Wirkung A durch Extinction auf $\tfrac{1}{10} A$ herabgesunken ist. l ist durch die Höhe der ideellen Atmosphäre und die Zenithdistanz der Sonne bestimmt.

Denken wir uns in der von gleicher Dichtigkeit bei $0^m,76$ und $0°$ angenommenen Atmosphäre L, Fig. 15, bei c den Ort, wo die chemische Lichtwirkung gemessen wurde, in der Richtung cb den Zenith, in der Richtung ca die Sonne, so ist $bca = \varphi$ die Zenithdistanz der Sonne, $cb = h$ die senkrechte Höhe der Atmosphäre und $ac = l$ der in der Atmosphäre vom Sonnenlichte durchlaufene Raum. Man hat daher:

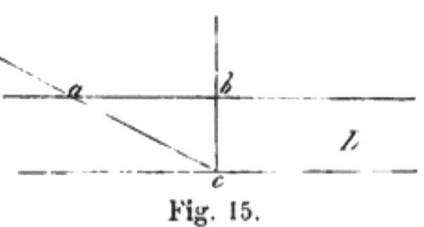

Fig. 15.

$$l = \frac{h}{\cos \varphi}$$

und also
$$12) \quad W_0 = A \cdot 10^{-\frac{ah}{\cos\varphi}}.$$

Berechnet man nach der Methode der kleinsten Quadrate die Werthe von A und ah aus den Versuchen vom 3. August 1857 und vom 14. und 15. September 1858, so erhält man:

[246]
$$A = 318,3$$
$$ah = 0,3596.$$

Der Barometerstand betrug im Mittel bei allen in Tab. 11 angeführten Versuchen
$$0,7557 = P_0.$$

Die senkrechte Höhe h, welche die Atmosphäre zur Zeit der Beobachtungen gehabt haben würde, wenn ihre Dichtigkeit überall dem Drucke 0,7557 und der Temperatur 0° C. entsprechend gewesen wäre, lässt sich aber leicht aus dem specifischen Gewichte der Luft und des Quecksilbers berechnen. Nimmt man nach *Regnault* für das Verhältniss des specifischen Gewichts von Luft und Quecksilber die Zahl 0,00009508.1 an, so ergiebt sich für unsere Versuche

$$h = \frac{0,7557}{0,0000950841} = 7947^m.$$

Diese Zahl in $ah = 0,3596$ substituirt, giebt für a den Werth 0,00004525.

Das Sonnenlicht muss daher eine $\frac{1}{0,00004525} = 22100$ m dicke Luftschicht von 0° C. und 0,76 durchstrahlen, wenn seine chemische Wirkung von 1 auf $\frac{1}{10}$ geschwächt werden soll.

Nennen wir den Barometerstand, bei welchem die Versuche zur Bestimmung der Constanten a und A angestellt wurden, P_0, so erhält man für die unter einem beliebigen Barometerstande P der Zenithdistanz φ entsprechende Wirkung:

$$(13) \quad W_0 = A \cdot 10^{-\frac{ahP}{\cos\varphi P_0}},$$

oder wenn man die aus unseren Versuchen sich ergebenden Werthe von A, a und P einsetzt:

$$14) \quad W_0 = 318,3 \times 10^{-\frac{0,4758\,P}{\cos\varphi}}.$$

Die folgende Tabelle 15 giebt eine Vergleichung der aus dieser Formel berechneten Werthe mit den durch Beobachtung gefundenen.

Tab. 15.

Zahl der Beobacht.	Zenithdistanz der ☉	Berechnete chem. Beleuchtung in Lichtgraden.	Beobachtete chem. Beleuchtung in Lichtgraden.
1	58° 35′	67,9	63,1
2	50 51	85,8	89,2
3	46 8	96,4	93,0
4	68 34	33,1	26,2
5	76 30	9,2	5,5
6	73 49	16,3	15,5
7	71 37	24,5	22,4
8	68 34	33,1	27,8
9	67 30	36,6	38,9
10	64 42	47,9	45,9
11	60 48	58,3	62,6
12	58 11	66,2	67,6

Der wahrscheinliche Fehler dieser Beobachtungen beträgt

$$0{,}6745 \sqrt{\frac{\Sigma v^2}{12-1}} = \pm\, 2{,}7 \text{ Lichtgrade.}$$

Bei der grossen Schwierigkeit, das Chlorknallgas genau im Maximum der Empfindlichkeit herzustellen und während der Versuche dauernd zu erhalten; bei den vielen Reductionen, durch welche sämmtliche die Beobachtungen störende Einflüsse eliminirt werden müssen; bei den kleinen Verschiedenheiten der Lichtextinction endlich, welche die örtliche Luftbeschaffenheit des wolkenlosen Himmels mit sich bringen kann, wird man diesen mittleren Fehler immer noch als sehr klein betrachten dürfen.

Formel (14 zeigt, dass die Sonnenstrahlen vor ihrem Eintritt in die Erdatmosphäre eine Beleuchtung von $318{,}3 = L$ Lichtgraden hervorbringen. Wenn die Strahlen, welche diese Beleuchtung erzeugen, bis zu ihrer völligen Extinction eine unendlich grosse Chlorknallgasatmosphäre durchstrahlten, so würde dadurch in der Minute eine Salzsäureschicht von $0°$ und 0,76 gebildet werden, deren absolute Höhe H_1 mit Hülfe der S. 44 entwickelten Formel

[248]
$$H_1 = \frac{v}{q} \cdot \frac{1}{1 - 10^{-ah}} \cdot L$$

gegeben ist.

Bei den Versuchen, aus welchen die Zahl 318,3 abgeleitet ist, wurden von einem Lichtgrade $v = 0{,}00001155$ cbm Salzsäure von $0°$ und $0^m,76$ Druck in der Minute erzeugt. Für Sonnenlicht ergiebt sich nach unseren früheren Versuchen der Werth des Extinctionscoefficienten in Chlorknallgas von $0°$ und $0^m,76$ Druck

$$a = \frac{1}{0{,}052 \text{ m}}.$$

Der innere Querschnitt des Insolationsgefässes war

$$q = 0{,}00033 \text{ qm},$$

der innere Durchmesser desselben

$$d = 0{,}0091 \text{ m}.$$

Das Gas im Insolationsgefäss befand sich während der Beobachtungen unter dem Quecksilberdruck $P = 0{,}7551$ m und der Temperatur $t = 18°$, welcher letzteren die Wasserdampftension $p = 0{,}0154$ m entspricht. Daraus findet man mit Hülfe der oben entwickelten Formel

$$h = 0{,}00858 \text{ m}.$$

Substituirt man diese Werthe in die Formel, so erhält man:

$$H_1 = 35{,}3 \text{ m}.$$

Die auf den Erdkörper fallenden, noch nicht durch die Atmosphäre geschwächten Sonnenstrahlen üben daher eine Kraft von 35,3 Lichtmetern aus, d. h. sie verbinden auf einer Grundfläche, auf welche sie senkrecht auffallen, in der Zeit einer Minute eine 35,3 m hohe Chlorknallgasschicht zu Salzsäure, wenn sie sich in einer unendlich grossen Knallgasatmosphäre bis zur völligen Extinction erschöpften.

Mit Hülfe der Formel (14) findet man ferner:

dass die Sonnenstrahlen, wenn sie die Atmosphäre bis zum Meeresniveau, wo ein mittlerer Druck von $0^m,76$ herrscht, in senkrechter Richtung durchstrahlt haben, nur noch eine Wirkung von 14,4 Lichtmetern ausüben, dass mithin unter diesen Umständen gegen $\frac{2}{3}$ ihrer chemischen [249] Kraft durch Extinction und Zerstreuung in der Atmosphäre verloren gehen.

Nehmen wir die mittlere Entfernung der Erde von der Sonne zu $r = 20682329$ geographischen Meilen an, und denken wir uns die Sonne in den Mittelpunkt einer Kugel, deren Radius $= r$ ist, so beträgt die Oberfläche dieser Kugel $4\pi r^2$. Das Licht, welches von der Sonne zu dieser Kugeloberfläche gelangt, würde, wenn es in Chlorknallgas verlösche, auf dieser Kugeloberfläche eine $35^m,3$ oder $0,004756$ geographische Meilen hohe Salzsäureschicht von $0°$ und $0^m,76$ Druck in jeder Minute erzeugen. Daraus folgt:

dass das Licht, welches die Sonne in der Zeit einer Minute in den Weltraum aussendet, eine chemische Kraft repräsentirt, durch welche etwas mehr als fünfundzwanzig und eine halbe Billion Cubikmeilen Chlorknallgas sich zu Salzsäure verbinden können.

Auf ähnliche Art sind die in der folgenden Tab. 16 zusammengestellten, noch durch keine atmosphärische Extinction geschwächten chemischen Wirkungen berechnet, welche die Sonne auf die Oberfläche der acht Hauptplaneten ausübt. Die zweite Columne derselben enthält die mittleren Entfernungen dieser Planeten von der Sonne; die dritte die in Lichtgraden ausgedrückten, auf den in Columne I angegebenen Planeten ausgeübten chemischen Wirkungen; und in der letzten finden sich diese Wirkungen ausgedrückt in Lichtmetern.

Tab. 16.

I.	II.	III.	IV.
Merkur	0,387	2125,0	235,4 Lichtmeter.
Venus	0,723	608,9	67,5 »
Erde	1,000	318,3	35,3 »
Mars	1,524	137,1	15,2 »
Jupiter	5,203	11,8	1,2 »
Saturn	9,539	3,5	0,4 »
Uranus	19,183	1,0	0,1 »
Neptun	30,040	0,4	0,04 »

[250] Aus diesen Zahlen lässt sich entnehmen, wie verschwenderisch die Natur bei dem Verbrauche der chemischen von der Sonne gespendeten Kraft im Weltraum zu Werke geht. Die Erde empfängt von dieser Kraft nur einen verschwindend kleinen Theil, Saturn und die noch ferner liegenden Planeten so wenig, dass dort schon ein organisches Leben, wie es die Erde trägt, zur Unmöglichkeit werden würde.

Nach diesen Betrachtungen über die Grösse der gesammten chemischen Kraft, welche von dem Sonnenkörper ausgeht, können wir zu den Verhältnissen übergehen, unter welchen der kleine dem Erdkörper zu Gute kommende Antheil dieser Kraft an der Erdoberfläche zur Verwendung kommt.

Hier zeigt sich zunächst im Vergleich zu den thermischen Wirkungen des Sonnenlichtes ein wesentlicher Unterschied. Die bei dem Erlöschen der Sonnenstrahlen ursprünglich erzeugte Wärme wird durch Strahlung und durch die Strömungen des Meeres und der Atmosphäre so unregelmässig über die Erdoberfläche vertheilt, dass sie kaum je zur Zeit und am Orte ihrer Entstehung selbst zu Arbeitsleistungen verbraucht wird, und dass das ursprüngliche Gesetz, nach welchem das thermische Klima eines Ortes von der Meereshöhe und dem Stande der Sonne abhängt, bis zur völligen Unkenntlichkeit verwischt erscheint. Solchen Störungen ist das photochemische Klima keineswegs unterworfen, denn die chemische Wirkung, welche die Sonne auf einen seiner Meereshöhe und geographischen Lage nach gegebenen Ort ausübt, kann sich niemals über diesen Ort hinaus noch weiter auf andere Theile der Erdoberfläche erstrecken. Die Verbreitung und Anordnung der photochemischen Kräfte auf der Erde folgt daher viel einfacheren Gesetzen als die Wärmevertheilung auf derselben.

Mit Hülfe der Formel (14) lässt sich die Grösse der von den Sonnenstrahlen bei ungetrübter Atmosphäre ausgeübten chemischen Kraft für jeden geographisch bestimmten Ort, für jede Zeit und für jede Erhebung über dem Meeresspiegel berechnen.

[251] Wir geben in folgender Tabelle 17 eine nach dieser Formel berechnete Zusammenstellung, in welcher für die Zenithdistanzen der Sonne von $90°$ bis $0°$ diejenige chemische Beleuchtung in Lichtgraden angegeben ist, welche die Sonnenstrahlen in Höhen ausüben, die den Atmosphärendrucken von $0^m,8$ bis $0^m,05$ entsprechen. Die oberste Horizontalspalte enthält die Zenithdistanzen der Sonne, die erste Verticalspalte die Atmosphärendrucke und die übrigen Verticalspalten die zugehörigen Wirkungen.

Die Curven Fig. 16 (s. nächste S.) geben eine graphische Ansicht dieser Abhängigkeit der chemischen Beleuchtung vom Barometerstande. Die Abscissen entsprechen den Zenithdistanzen der Sonne, die Ordinaten der bei diesen Zenithdistanzen hervorgebrachten chemischen Wirkung in Lichtgraden. Den Curven sind die ihnen zugehörigen Barometerstände beigeschrieben.

Sie zeigen, wie ungleich unter sonst gleichen Umständen die chemische Beleuchtung der Tiefländer und der Hochflächen

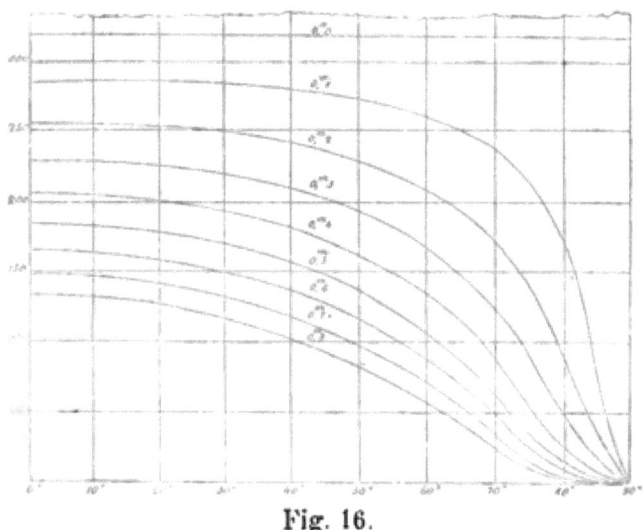

Fig. 16.

sein muss und wie diese Beleuchtung mit zunehmender Höhe über dem Meere in einem rascheren Verhältniss wächst, als der gleichzeitigen Abnahme des atmosphärischen Druckes entspricht.

Tab. 17.

m	0°	10°	20°	30°	40°	50°	60°	70°	80°	90°
0,80	132,5	130,7	125,2	115,7	102,3	81,4	55,2	24,5	2,1	0,0
0,75	139,8	138,2	132,7	123,2	108,9	88,1	61,5	28,8	2,8	0,0
0,70	147,8	146,1	140,7	131,3	116,9	96,5	68,7	33,8	3,8	0,0
0,65	156,2	154,5	146,6	139,6	125,7	105,2	76,6	29,2	5,3	0,0
0,60	165,0	163,3	158,1	149,0	135,0	114,5	85,5	46,6	7,2	0,0
0,55	174,2	172,6	167,6	158,7	145,0	124,7	95,4	54,7	9,9	0,0
0,50	184,1	182,5	177,7	169,0	155,7	135,7	106,4	64,2	13,6	0,0
0,45	194,4	193,0	188,4	180,1	167,2	147,8	118,8	75,3	18,6	0,0
0,40	205,3	204,0	199,6	191,9	179,7	161,0	132,5	88,4	25,5	0,0
0,35	216,9	215,7	211,6	204,4	193,0	175,3	147,8	103,8	35,0	0,0
0,30	229,1	228,0	224,4	217,8	207,2	190,9	165,0	121,7	48,0	0,0
0,25	241,9	241,0	237,8	231,9	222,6	207,9	184,1	142,9	65,8	0,0
0,20	255,7	254,8	252,1	247,2	239,1	226,3	205,3	167,7	90,1	0,0
0,15	269,5	269,4	267,3	263,2	256,8	246,5	229,1	196,9	123,5	0,0
0,10	285,2	284,7	283,2	280,5	275,8	268,4	255,7	231,1	169,3	0,0
0,05	301,3	301,0	300,2	298,7	296,3	292,2	285,2	271,1	232,1	0,0
0,00	318,3	318,3	318,3	318,3	318,3	318,3	318,3	318,3	318,3	0,0

[252] Man sieht zugleich an diesen Curven, dass die Ungleichheiten in der Beleuchtung um so stärker hervortreten, je niedriger die Sonne über dem Horizont steht. Wenn sich z. B. in Reykjavík die Sonne bei einem Barometerstande von 0,770 10° über dem Horizonte befindet, so wird der Boden durch den Sonnenschein auf 2,5 Lichtgrade erleuchtet. Sinkt das Barometer nur um 30^{mm}, so steigt diese Beleuchtung auf 2,9 Lichtgrade. Auf dem höchsten Kraterrande des nahe gelegenen Hekla, wo Einer von uns am 26. Juli 1846 den Barometerstand $0^m,6290$ beobachtete, muss die Beleuchtung schon auf 6,1, und auf der Spitze des Dhawalagiri, wo das Barometer unter $0^m,200$ sinkt, muss sie mindestens auf 90 Lichtgrade steigen. So ist zur Zeit, wo die Sonne in den Breiten des Himalaya den Zenith beinahe erreicht, in den zwölf- bis vierzehntausend Fuss hohen, dem Getreidebau noch zugänglichen Thalflächen des Tibetanischen Hochlandes die chemische Wirkung der Sonnenstrahlen fast *anderthalb Mal* so gross, als im benachbarten Hindostanischen Tieflande. Dieser Unterschied nimmt mit wachsender Zenithdistanz der Sonne in einem so raschen Verhältniss zu, dass, wenn die Sonne noch 45° vom Zenith entfernt steht, die chemische Beleuchtung jener Hochflächen schon mehr als doppelt so gross ist wie im Hindostanischen Tieflande.

Man sieht schon aus diesen wenigen Beispielen, wie sehr die chemische Intensität des Sonnenscheins zunimmt, wenn man sich in bedeutendere Höhen der Atmosphäre erhebt. Und doch sind diese von der Meereshöhe bedingten Unterschiede in der chemischen Beleuchtung nur gering im Vergleich zu den Verschiedenheiten, welche von der geographischen Breite abhängen. Um von diesen Unterschieden eine Vorstellung zu geben, haben wir für dieselben Orte, deren chemische Beleuchtung durch das Himmelsgewölbe bereits oben mitgetheilt wurde, die chemische Wirkung, welche die Sonnenstrahlen bei $0^m,76$ Barometerstand zur Zeit der Frühlings-Tag- und Nachtgleiche während der einzelnen Tagesstunden auf ein *horizontal gedachtes* Flächenelement [253] ausüben, in Lichtgraden berechnet und in der folgenden Tabelle 18 zusammengestellt. Die Formel

$$W_0 = 318,3 \times 10^{-\frac{0,1758\,P}{\cos\varphi}}$$

giebt die chemische Beleuchtung eines Flächenelements, auf welches die Sonnstrahlen *senkrecht* auffallen. Um die in der folgenden Zusammensetzung gegebene Beleuchtung eines nicht rechtwinklig gegen die auffallenden Strahlen, sondern in der Ebene des Horizonts gedachten Flächenelements zu erhalten, sind die Werthe von W_0 noch mit cos φ multiplicirt.

Tab. 18.

	Molville-Insel	Reykjavik	Petersburg	Manchester	Heidelberg	Neapel	Cairo
6ʰ a. m. od. 6ʰ p. m.	0,00	0,00	0,00	0,00	0,00	0,00	0,00
7 „ „ 5 „	0,00	0,02	0,07	0,22	0,38	0,89	1,74
8 „ „ 4 „	0,07	1,53	2,88	5,85	8,02	13,31	20,12
9 „ „ 3 „	0,67	6,62	10,74	18,71	23,99	35,88	50,01
10 „ „ 2 „	1,86	13,27	20,26	32,91	40,94	58,46	78,61
11 „ „ 1 „	3,02	18,60	27,55	43,34	53,19	74,37	98,33
12 „ „ „	3,51	20,60	30,26	47,15	57,62	80,07	105,3

Die Curve Fig. 17 giebt eine graphische Darstellung für die in der vorstehenden Tabelle 18 enthaltenen Orte und Zeiten.

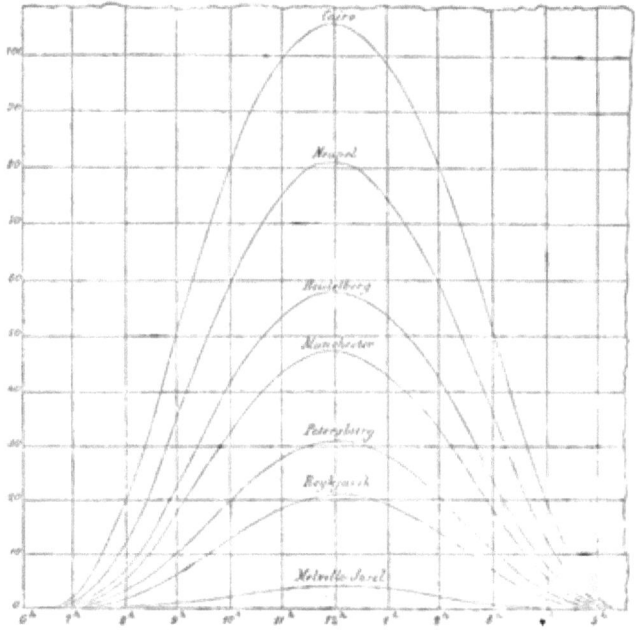

Fig. 17.

Die Ordinaten stellen die in Lichtgraden ausgedrückten chemischen Wirkungen für die auf der Abscissenlinie aufgetragenen Tageszeiten in Beziehung auf die an den Curven bemerkten

Orte dar. Vergleicht man diese Curven mit den für das zerstreute Himmelslicht gegebenen in Fig. 11, so zeigt sich die merkwürdige Thatsache, dass zur Zeit der Frühlings-Tag und Nachtgleiche vom Nordpol bis unter die Breite von Petersburg hinab, während der ganzen Dauer des Tages die chemischen Wirkungen, welche vom zerstreuten Lichte des Himmelsgewölbes ausgeübt werden, *grösser* sind als die Wirkungen des direct auf die Erde fallenden Sonnenlichts, und dass sich selbst in anderen Breiten, zwar nicht während des ganzen Tages, [254] aber doch während einzelner Tagesstunden, dieselbe Erscheinung bis zum Aequator hin wiederholt.

Eine weitere Vergleichung der Formeln (9) und (14) zeigt, dass nicht nur zur Zeit der Tag- und Nachtgleiche, sondern an allen Orten und zu allen Zeiten, wo die Sonne sich mehr als $20°\,56'$ über den Horizont erhebt, von Sonnenaufgang bis zu einer gewissen Erhebung der Sonne über den Horizont, das Tageslicht den Sonnenschein an chemischer Kraft übertrifft, dass bei fortschreitender Erhebung der Sonne ein Punkt erreicht wird, wo Sonne und Himmelsgewölbe in ihren chemischen Wirkungen gerade gleich sind, und dass endlich bei noch höherem Stande der Sonne die chemische Kraft des Tageslichts gegen die des Sonnenscheins zurückbleibt. Die »*Phase gleicher chemischer Beleuchtung*«, welche zwischen Tageslicht und Sonnenschein täglich zweimal eintritt, entspricht einer bestimmten Zenithdistanz der Sonne φ, die sich leicht mit Hülfe einer Näherungsmethode aus der Formel

$$2{,}776 + 80{,}849 \cos\varphi - 15{,}996 \cos^2\varphi = \frac{318{,}3}{\operatorname{num\,log} = \dfrac{0{,}4758\,P}{\cos\varphi}}$$

berechnen lässt, worin die rechte Seite die von der Sonne bei dem Barometerstande P ausgeübte chemische Wirkung (Formel 14) und die linke Seite die vom Himmelsgewölbe ausgehende Wirkung (Formel 9) ausdrückt.

Nehmen wir an, der Barometerstand sei $0^{m}{,}76$, die Ebene des durch die Sonne beleuchteten Flächenelements werde von den Sonnenstrahlen senkrecht getroffen und das vom Himmel beleuchtete Flächenelement liege in der Ebene des Horizonts, so ergiebt die Rechnung, dass die Beleuchtung durch die Sonne der Beleuchtung durch das Himmelsgewölbe gleich wird, wenn die Sonne $71°\,12'$ vom Zenith absteht.

Diese täglichen Phasen gleicher chemischer Helligkeit lassen sich nachweisen, wenn man das Himmelslicht und das directe Sonnenlicht, beide getrennt für sich, auf Stücke desselben [255] photographischen Papiers gleichzeitig einwirken lässt und die Zeit bestimmt, wo die Schwärzung des Papiers durch beide Lichtquellen eine gleiche ist. Aus der Uebereinstimmung der Zeit, wo diese Erscheinung eintritt, mit der durch Rechnung gefundenen, lässt sich am besten der Grad von Zuverlässigkeit beurtheilen, welchen unsere Versuche und die daraus abgeleitete Theorie gewähren. Der 21. und 22. Februar und der 7. und 11. März 1859 bot zu einer solchen Prüfung eine erwünschte Gelegenheit dar, da der Himmel an diesen Tagen bei einem schwachen Nordostwind von Sonnenaufgang bis Sonnenuntergang *vollkommen* wolkenlos und klar war. Die Versuche wurden gleichzeitig in dem verfinstertem Bodenraum und auf dem Dache des Heidelberger akademischen Laboratoriums von zwei Beobachtern in der Art ausgeführt, dass der eine *auf* dem Dache das Licht des Himmelsgewölbes mit Ausschluss des directen Sonnenlichts auf photographisches Papier einwirken liess, während der andere *im* Bodenraum zu derselben Zeit und während einer gleichen Zeitdauer die Sonnenstrahlen auf ein Stück desselben photographischen Papiers senkrecht auffallen liess. Die Sonnenstrahlen fielen durch eine Oeffnung im Dache auf die nur ein Zoll im Durchmesser haltende kreisrunde Oeffnung eines innen geschwärzten Kastens, in welchem das photographische Papier sich befand. Um die Bestrahlung möglichst senkrecht auf der Ebene des Papiers vor sich gehen zu lassen, war dasselbe auf ein Brettchen geklebt, das mit der Hand in jede Lage gegen die auffallenden Strahlen gestellt werden konnte. Auf dem Papier befand sich ein senkrecht gegen die Ebene des Brettes gerichteter Stift. Während der Bestrahlung wurde das Brett so gehalten, dass dieser Stift nach keiner Seite hin einen Schatten warf, wodurch sich genau die Stellung ergab, bei welcher die Strahlen dem Stifte parallel d. h. senkrecht auf das Papier auffielen.

Mit Rücksicht auf den während der Beobachtungen herrschenden Barometerstand von $0^m,764$ giebt die Rechnung für die Zenithdistanz der Sonne, bei welcher die chemische [256] Beleuchtung durch die directen Sonnenstrahlen der Beleuchtung durch das zerstreute Himmelslicht gleichkommt, den Werth $71^\circ 4'$. Die Sonne erreichte diese Zenithdistanz am 21. Februar 1859, dem Tage unserer Beobachtungen, Morgens $9^h 7'$ und

Nachmittags $2^h 53'$ W. Z. Die Versuche vom 21. Februar begannen $11^h 30'$ W. Z., wo die Schwärzung des Papiers viel bedeutender durch das Sonnenlicht war, als durch das Himmelslicht; später nahm dieser Unterschied der Schwärzung immer mehr ab; um $3^h 1'$ war derselbe nur noch sehr gering; um $3^h 16'$ zeigte sich der Punkt gleicher Schwärzung bereits überschritten; das von der Sonne beschienene Papier war zu dieser Zeit schon bedeutend heller, als das vom Himmelsgewölbe bestrahlte. Die gesuchte Phase trat daher zwischen $3^h 1'$ und $3^h 16'$ ein. Der Rechnung nach hätte sie $2^h 53'$ beobachtet werden müssen. Bei einer zweiten Versuchsreihe am folgenden Tage zeigte sich unter demselben Luftdruck die Erscheinung Nachmittags zwischen $3^h 23'$ und $3^h 39'$ statt um $2^h 56'$; und Morgens zwischen $8^h 30'$ und $8^h 43'$, statt um $9^h 4'$. Am 7. März 1859 bei einem Barometerstande von $0^m,752$ zeigte sich die Erscheinung Nachmittags zwischen $1^h 17'$ und $4^h 27'$; der Rechnung nach hätte sie $3^h 33'$ eintreten müssen. Am 11. März 1859, wo der wolkenlose Himmel eine besonders intensive Bläue zeigte, erfolgte bei $0^m,764$ Barometerstand die gleiche Schwärzung Morgens um $7^h 42'$ statt um $8^h 22'$. Man sieht aus diesen Beobachtungen nicht nur, dass die aus unserer Theorie gefolgerten Phasen wirklich vorhanden sind, sondern auch, dass sie nahezu in den Zeitpunkt fallen, welchen die Rechnung voraussagt. Der beobachtete Zeitpunkt, wo die Erscheinung eintritt, geht zwar Vormittags dem berechneten um etwa 45 Minuten voraus, während er demselben Nachmittags um ungefähr 20 Minuten nachfolgt. Dieser Zeitunterschied erklärt sich indessen genügend aus dem Umstande, dass der Horizont an unserem Beobachtungsorte nach West, Ost und Nord bis zu einer Höhe von ungefähr $12°$ durch die das Neckarthal einschliessenden Hügelketten verdeckt war, wodurch eine Abweichung genau [257 in dem Sinne, wie wir sie beobachteten, herbeigeführt werden musste.

Wir gehen nun zur Betrachtung des chemischen Gesammteffects über, welchen das directe mit der Tageszeit veränderliche Sonnenlicht während einer gegebenen Zeitdauer auf ein horizontales Flächenelement ausübt.

Wie wir oben erwähnt haben, giebt die Formel

$$(15) \quad W'_1 = \cos \varphi \times 318{,}3 \times 10^{-\frac{0{,}1758\, P}{\cos \varphi}}$$

den chemischen Effect W_1, welchen die Sonnenstrahlen auf ein horizontal liegendes Flächenelement während einer Minute ausüben. Für die weitere Rechnung ist es indessen bequemer, W_1 durch eine Reihe auszudrücken, die nach Potenzen der Cosinusse der Zenithdistanz fortschreitet, nämlich

$$W_1 = a \cos^2 \varphi + b \cos^3 \varphi + c \cos^4 \varphi + \cdots$$

Wir haben mit Hülfe der Formel (15) die Werthe von W_1 für Zenithdistanzen der Sonne von je 10 zu 10 Graden zwischen 0° und 90° berechnet und daraus die Coëfficienten $a\,b\,c$ nach der Methode der kleinsten Quadrate bestimmt.

(16) $\quad W_1 = 31{,}99 \cos^2 \varphi + 117{,}6 \cos^3 \varphi - 248{,}7 \cos^4 \varphi.$

Die nachstehende Zusammenstellung zeigt zwischen den nach dieser Formel (16) und den nach Formel (15) berechneten Werthen keine Unterschiede, die der unvermeidlichen Unsicherheit der Versuche gegenüber ins Gewicht fallen könnten.

	Nach Formel (15)	Nach Formel (16)
0	138,4	136,9
10	134,6	133,8
20	123,3	124,3
30	105,4	107,3
40	82,2	83,3
50	56,0	55,2
60	30,1	29,6
70	9,5	9,6
80	0,5	1,0
90	0,0	0,0

[258] Wir wollen nun die Menge der chemischen Strahlen berechnen, welche an einem gegebenen Orte und während einer gegebenen Zeit direct von der Sonne auf ein *in der Ebene des Horizonts* liegendes Flächenelement auffallen.

Die Zenithdistanz der Sonne hängt mit der wahren Sonnenzeit eines Ortes durch die bereits mehrfach angeführte Gleichung

$$\cos \varphi = \cos \delta \cos p \cos t + \sin \delta \sin p$$

zusammen, worin δ die Declination der Sonne, p die geographische Breite des Ortes, und t den Stundenwinkel der Sonne bedeutet. Setzt man der Kürze wegen $\sin \delta \sin p = \alpha$ und $\cos \delta \cos p = \beta$, und entwickelt man die Formel (16) in eine nach Potenzen von $\cos t$ fortschreitende Reihe, so ergiebt sich

$$W_1 = a(\alpha^2 + 2\alpha\beta\cos t + \beta^2\cos^2 t)$$
$$+ b(\alpha^3 + 3\alpha^2\beta\cos t + 3\alpha\beta^2\cos^2 t + \beta^3\cos^3 t)$$
$$+ c(\alpha^4 + 4\alpha^3\beta\cos t + 6\alpha^2\beta^2\cos^2 t + 4\alpha\beta^3\cos^3 t + \beta^4\cos^4 t).$$

Es soll nun das Integral

$$\int W_1\, dt$$

bestimmt werden. Dasselbe ergiebt sich leicht, wenn man erwägt, dass

$$\int dt = t$$

$$\int \cos t\, dt = \sin t$$

$$\int \cos^2 t\, dt = \frac{\cos t \sin t}{2} + \tfrac{1}{2} t$$

$$\int \cos^3 t\, dt = \frac{\cos^2 t \sin t}{3} + \tfrac{2}{3} \sin t$$

$$\int \cos^4 t\, dt = \frac{\cos^3 t \sin t}{4} + \tfrac{3}{8} \cos t \sin t + \tfrac{3}{8} t.$$

Für die Tag- und Nachtgleiche ist $\alpha = 0$, $\beta = \cos p$; soll die Wirkung für den ganzen Tag gefunden werden, so ist die Integration von $t = -\frac{\pi}{2}$ bis $t = +\frac{\pi}{2}$ zu nehmen; für diese Grenze ist [259]

$$\int dt = \pi$$

$$\int \cos t\, dt = 2$$

$$\int \cos^2 t\, dt = \frac{\pi}{2}$$

$$\int \cos^3 t\, dt = \frac{4}{3}$$

$$\int \cos^4 t\, dt = \frac{3}{4}\pi$$

also

$$\int w\, dt = \frac{\pi}{2} a \cos^2 p + \frac{4}{3} b \cos^3 p + \frac{3}{8} \pi c \cos^4 p$$

und
$$W = 12 \times 60 \left(\frac{a}{2} \cos^2 p + \frac{4}{3\pi} b \cos^3 p + \frac{3}{8} c \cos^4 p \right)$$

oder nach Substitution der Werthe von abc

$$W = -11520 \cos^2 p + 127600 \cos^3 p - 67140 \cos^4 p.$$

Nach dieser Formel ist für die in der folgenden Tabelle 19 angegebenen Orte das gesammte in Lichtgraden ausgedrückte Sonnenlicht berechnet, welches während der Tagesdauer zur Zeit der Frühlings-Tag- und Nachtgleiche auf ein in der Ebene des Horizonts befindliches Flächenelement auffällt. Spalte I enthält die Orte, für welche die Rechnung ausgeführt wurde; Spalte II die geographische Breite dieser Orte; Spalte III die chemischen Lichtgrade, auf welche das horizontale Flächenelement durch die directen Sonnenstrahlen allein erleuchtet wird; Spalte IV die in Tabelle 13 b bereits mitgetheilten Lichtgrade, auf welche dasselbe Flächenelement durch das Himmelsgewölbe erleuchtet wird; und Spalte V die durch die Sonne und das Himmelsgewölbe gemeinschaftlich hervorgebrachte chemische Beleuchtung in Lichtgraden; Spalte VI die Höhen der nach Formel (5) berechneten Salzsäureschichten von 0 und $0^m,76$, welche während dieser eintägigen Gesammtbeleuchtung von Himmel und Sonne hervorgebracht werden würden.

[260] Tab. 19.

I.	II.	III.	IV.	V.	VI.
Melville-Insel	74° 47′ N.B.	1196	10590	11790	1306 m
Reykjavík	64 8	5964	15020	20980	2324
Petersburg	59 56	8927	16410	25340	2806
Manchester	53 20	14520	18220	32740	3625
Heidelberg	49 24	18240	19100	37340	4136
Neapel	40 52	26640	20550	47190	5226
Cairo	30 2	36440	21670	58110	6437
Bombay	19 0	43820			
Ceylon	10 0	47530			
Borneo	0 0	48940			

Man sieht aus den Zahlen der Spalte V, dass die gesammte chemische Kraft, welche gleichzeitig vom Himmelsgewölbe und von der Sonne ausgeht, verhältnissmässig nur wenig mit der geographischen Breite variirt. Sie ist in Cairo ungefähr 5 mal und in Heidelberg 2 mal so gross, als auf der Melville-Insel, welche nur gegen 15° vom Nordpol entfernt liegt. Trotz dieser geringen Unterschiede in der chemischen Beleuchtung ist an dem Tage, für welchen diese Betrachtungen gelten, der *höchste Stand* der Sonne über dem Horizont an den erwähnten Orten ausserordentlich verschieden. Auf der Melville-Insel beträgt er 15° 13′, zu Heidelberg 40° 36′ und zu Cairo 59° 58′. Der Grund dieser auffallenden Erscheinung liegt in dem grossen Zerstreuungsvermögen der Atmosphäre, welche wie ein Regulator die photochemischen Vorgänge an der Erdoberfläche regelt und die grossen von dem Stande der Sonne allein abhängigen Unterschiede in der chemischen Beleuchtung mindert und ausgleicht. Man erkennt dies an den Zahlen der Spalten III und IV. Auf der Melville-Insel, zu Heidelberg und zu Cairo verhält sich die vom Sonnenschein allein gelieferte chemische Kraft nahezu wie 1 : 15,3 : 30,5, während die chemische Kraft, welche an diesen Orten vom Himmelsgewölbe allein ausgeht, ebenfalls bezogen auf die als Einheit genommene, vom Sonnenschein auf der Melville-Insel hervorgebrachte Wirkung sich verhält wie 8,9 : 16 : 18,1.

[261] Eine Vergleichung der beiden Columnen III und IV zeigt ferner, dass bis zur Breite von Heidelberg hinab die vom Himmelsgewölbe ausgehende chemische Kraft merkwürdiger Weise grösser ist, als die von den directen Sonnenstrahlen gelieferte. Zu Heidelberg ist sie nur wenig grösser; zu Petersburg schon fast verdoppelt, und auf der Melville-Insel sogar beinahe zehnmal so gross.

4. Die Sonne in ihren photochemischen Wirkungen verglichen mit einer irdischen Lichtquelle.

Es schien uns nicht ohne Interesse, noch einige Versuche anzustellen, um das vom Sonnenkörper ausgehende Licht mit einer irdischen Lichtquelle zu vergleichen. Zu einer solchen Vergleichung schien uns nichts geeigneter als die ungeheure Lichtentwicklung, welche von der Oberfläche eines brennenden Magnesiumdrahtes ausgeht. Wir haben daher zu den folgenden Versuchen einen solchen Draht benutzt, dessen mikrometrisch genau gemessener Radius $r = 0{,}1485$ mm betrug, und der mittelst einer Stahlpresse nach demjenigen Verfahren angefertigt war, welches einer von uns zur Bereitung von Kalium-, Natrium- und Lithiumdraht angegeben und welches Dr. *Mathiessen* auch auf die härteren Metalle der Erden anwendbar gemacht hat. Wird ein solcher Draht an seinem Ende entzündet, so brennt er sehr regelmässig fort und hinterlässt einen zusammenhängenden Faden von Magnesia.

Es war, um numerische Vergleichungen zu ermöglichen, zunächst erforderlich, die während des Abbrennens im Glühen begriffene Drahtlänge zu ermitteln. Direct lässt sich dieselbe nicht messen, da die nur ein paar Quadratmillimeter grosse glühende Oberfläche durch Irradiation wie ein haselnussgrosser Feuerball erscheint. Mildert man diese ungeheure Lichtintensität durch dunkelfarbige Gläser, so lassen sich zwar die Grenzen des glühenden Drahttheiles erkennen, aber wegen des schnellen Fortschreitens der Glüherscheinung nicht einmal annähernd genau messen. Dagegen gelang uns die Messung leicht mit ausreichender Genauigkeit **262** auf folgende Weise: wir verbrannten einen 30 bis 40 mm langen Magnesiumdraht von der angegebenen Dicke vor einem durch unsere constante Kastenflamme (Abh. II, S. 54 erleuchteten stearinirten Photometerdiaphragma in einer solchen Entfernung, dass der Ring des Diaphragmas gerade verschwand. Verbrennt man nun bei sonst unveränderter Stellung aller Apparattheile immer kürzere, genau gemessene Drahtenden, so verschwindet der Ring unverändert, bis man an eine Drahtlänge gelangt, welche kürzer ist, als die während der Verbrennung im Glühen begriffene Stelle. Von diesem Augenblicke an verschwindet der Ring nicht mehr, sondern erscheint deutlich dunkel auf weissem Grunde. Bei zwei auf diese Weise ausgeführten Versuchsreihen ergab sich, dass Drahtlängen über 10 mm den Ring noch zum Verschwinden brachten, unter 10 mm dagegen den Ring deutlich dunkel erscheinen liessen. Die bei der Verbrennung gleichzeitig glühend leuchtende Drahtlänge beträgt daher $h = 10$ mm. Der brennende Draht brachte in einer Entfernung von 2440 mm vom Insolationsgefäss in der Minute eine Wirkung von 181,7 Lichteinheiten oder 0,01817 Lichtgraden hervor. Das Licht, welches diese Wirkung erzeugte, ging mithin von einem Magnesiumhalbcylinder aus, dessen Radius 0,1485 mm und dessen Höhe 10 mm betrug. Nach einem bekannten Satze der Optik giebt die Oberfläche dieses Halbcylinders eben so viel Licht aus, als ein gleich stark leuchtendes Rechteck, dessen Basis dem Durchmesser und dessen Höhe der Höhe des Cylinders gleich ist. Dieses Rechteck hatte bei unserem Versuche einen Flächenraum von

$$2rh = 2{,}97 \text{ Quadratmillimetern},$$

welcher einer Kreisfläche von 0,9725 mm Radius entspricht. Liesse man diese Fläche in einer Entfernung von 208,7 mm, statt wie bei dem Versuch in einer Entfernung von 2440 mm, auf das Insolationsgefäss wirken, so würde sie dasselbe, statt auf 0,01817 Lichtgrade, nun auf

$$\frac{0{,}01817 \times 2440^2}{208{,}7^2} = 2{,}482 \text{ Lichtgrade}$$

263] beleuchten. Die Entfernung 208,7 mm ist aber diejenige, bei welcher die leuchtende Kreisfläche vom Insolationsgefäss aus gesehen die scheinbare Grösse der Sonnenscheibe hat. Da die Sonne bei gleicher scheinbarer Grösse, bevor ihre Strahlen durch die Atmosphäre eine Schwächung erfahren haben, das Insolationsgefäss auf 318,3 Lichtgrade beleuchten würde, wie sich aus Formel (14) ergiebt, so ist der chemische Glanz oder die chemische Wirkungsfähigkeit der von der Sonnenoberfläche ausgehenden Strahlen $\frac{318{,}3}{2{,}482}$ oder 128,2 mal grösser als bei dem in der angegebenen Form verbrennenden Magnesium. Mit Hülfe derselben Formel (14) lässt sich berechnen, dass der chemische Glanz unseres verbrennenden Magnesiumdrahtes dem chemischen Glanze der vom Meeresniveau aus gesehenen Sonnenscheibe gleichkommt, wenn dieselbe ungefähr 9° 53' über dem Horizont steht. Eine aus brennenden Magnesiumdrähten gebildete Scheibe, welche von einem Punkte im Meeresniveau gesehen die scheinbare Grösse der Sonne zeigt, würde daher auf diesen Punkt dieselbe chemische Wirkung ausüben, wie die bei völlig wolkenlosem Himmel 9° 53' über dem Horizont stehende Sonne. Hätte eine solche Scheibe z. B. den Durchmesser von 1^m, so würde ihre chemische Wirkung noch in ungefähr 107^m Entfernung der Wirkung des Sonnenscheins gleichkommen, mit welcher die senkrecht auffallenden Strahlen der um den angegebenen Winkel über dem Horizont stehenden Sonne einen Gegenstand chemisch beleuchten.

Es schien uns von einigem Interesse, im Gegensatze zu dem *chemischen* Glanze auch noch den *optischen*, d. h. den durch das Auge messbaren Glanz beider Lichtquellen mit einander zu vergleichen.

Wir reflectirten zu diesem Zweck am 13. November 1858, Mittags 12^h W. Z., das Licht der am heitern Himmel stehenden Sonne mittelst eines schwarzen Glasspiegels durch eine kreisrunde Oeffnung von 0,399 mm Oeffnung auf das stearinirte

Diaphragma unseres **Photometers**, und stellten dessen Kastenflamme so ein, dass der Ring aufhörte sichtbar [264] zu sein. Um dabei die verschiedene Färbung des Gas- und Sonnenlichts zu beseitigen, befand sich ein schwach himmelblau gefärbtes Glas zwischen der Kastenflamme und dem Diaphragma.

Die Intensität des Lichtes, bei der der Ring verschwand, sei J. Nennen wir S die Intensität, welche Sonnenlicht von der Intensität 1 nach der Spiegelreflexion noch besitzt, g die scheinbare Grösse, welche das die Sonnenstrahlen durchlassende Loch von dem Punkte aus gesehen besitzt, wo der Photometerring verschwindet, und g_1 die scheinbare Grösse der Sonnenscheibe, so ist

$$\frac{Jg_1}{Sg}$$

die Intensität, welche die senkrecht auf das Photometerdiaphragma frei auffallenden Strahlen der Sonne besitzen. Um mit dieser Intensität die Intensität des brennenden Magnesiumdrahtes zu vergleichen, wurde derselbe entzündet und in einer solchen Entfernung vom Photometerdiaphragma verbrannt, dass der Ring wie bei Beleuchtung durch die Sonne gerade verschwand. Bezeichnen wir mit g_2 die scheinbare Grösse, welche die als kreisrunde Scheibe gedachte glühende Oberfläche des Drahtes vom Photometerdiaphragma aus gesehen besitzt, so wird der brennende Theil des Drahtes bei gleicher scheinbarer Grösse mit der Sonne das Photometerdiaphragma mit der Intensität

$$\frac{Jg_1}{g_2}$$

beleuchten. Der optische Glanz der Sonne G, verglichen mit dem des Magnesiumdrahtes, ist daher

$$G = \frac{g_2}{Sg}.$$

Ist der Radius der die Sonnenstrahlen durchlassenden Oeffnung r, die Entfernung der Oeffnung vom Photometerdiaphragma d, der Radius der bei der Verbrennung des Magnesiumdrahtes glühenden Kreisfläche r_1 und die Entfernung dieser Kreisfläche vom Photometerdiaphragma d_1, so [265] hat man für den mit dem Glanze des Magnesiumdrahtes verglichenen Glanz der Sonne G

$$G = \frac{d^2 r_1^2}{s d_1^2 r^2}.$$

S ergiebt sich aus der Formel

$$S = \frac{\sin^2(\varphi - \varphi^1)}{\sin^2(\varphi + \varphi^1)} + \frac{\text{tg}^2(\varphi - \varphi^1)}{\text{tg}^2(\varphi + \varphi^1)}.$$

worin φ den Einfallswinkel und φ^1 den Brechungswinkel des Strahls im Spiegel bedeutet. φ_1 berechnet sich aus dem zu $\frac{\sin \varphi}{\sin \varphi^1} = 1{,}55$ angenommenen Brechungsverhältniss unseres Spiegels, wenn der Einfallswinkel φ bekannt ist. Dieser Einfallswinkel φ ergiebt sich aus dem Azimuth A, welches das die Sonnenstrahlen durchlassende Loch mit dem Meridian machte, aus der Declination der Sonne δ am Tage der Beobachtung, aus der Beobachtungszeit t und der Polhöhe von Heidelberg p mit Hülfe der unten entwickelten Formel S. Substituirt man die numerischen Werthe von $A = 73° 44'$; $\delta = -17° 58'$; $t = 0^h 0'$; $p = 49° 24'$ in die Formeln, so ergiebt sich

$$S = 0{,}05101.$$

Durch directe Messung ergab sich $r = 0^{mm}{,}1995$; $r_1 = 0^{mm}{,}9725$; $d = 2590$; $d_1 = 2440^{mm}$.

Aus diesen Werthen folgt

$$G = 524{,}7.$$

Die Beobachtung wurde am 13. November 1858 12^h W. Z. angestellt. Dieser Zeit entspricht eine Zenithdistanz der Sonne von $67° 22'$.

Bei dieser Zenithdistanz von $67° 22'$ ist mithin der durch das Auge wahrnehmbare Glanz der Sonnenscheibe 524,7 mal so gross als der des brennenden Magnesiumdrahtes, während bei derselben Zenithdistanz der chemische Glanz der Sonnenscheibe nur 36,6 mal so gross ist als der des Drahtes.

Die gleichförmige und ruhige Lichtentwickelung, mit welcher Magnesiumdraht in der Luft abbrennt, und die ungeheure photochemische Wirkung, welche er dabei entwickelt, [266] geben ein einfaches Mittel an die Hand, annähernd genau beliebige, in unserem Lichtmaasse ausgedrückte Beleuchtungen hervorzubringen. Nach den eben mitgetheilten Versuchen bringt ein $0^m{,}997$ langer Magnesiumdraht von $0^m{,}297$ Durchmesser in der Entfernung von $2^m{,}44$ eine Wirkung von 181,7 Lichteinheiten, deren 10000 auf einen Lichtgrad gehen, hervor. Für jedes Millimeter des abbrennenden Magnesiumdrahtes werden daher in 1 m Entfernung 1,1 Lichteinheiten erzeugt. Diese Zahlen sind noch nicht als sehr genau zu betrachten, da wir bei unseren Versuchen auf einen nur geringen Vorrath von Magnesiumdraht beschränkt waren und daher die Phänomene der Induction bei den Messungen nicht so vollständig, als wir es gewünscht, auszuschliessen vermochten.

Die Verbrennung von Magnesium bietet ein so einfaches und sicheres Mittel zu photochemischen Maassbestimmungen dar, dass die Verbreitung desselben im Handel im hohen Grade wünschenswerth erscheint. Wir glauben daher der Wissenschaft einen Dienst zu erweisen, wenn wir hier auf eine Anwendung dieses Metalls hinweisen, die möglicher Weise von solcher Bedeutung werden könnte, dass sich darauf eine technische Gewinnung desselben gründen liesse, — wir meinen die Anwendung desselben als Erleuchtungsmaterial.

Ein brennender Magnesiumdraht von $0^{mm},297$ Durchmesser erzeugt, nach einer von uns ausgeführten Messung, so viel Licht als 74*) Stearinkerzen, deren 5 ein Pfund ausmachen. Um dieses Licht eine Minute lang zu unterhalten, wird eine Drahtlänge von $0^m,957$ erfordert, welche $0^g,1204$ wiegt. Um 10 Stunden lang ein Licht von 74 Stearinkerzen zu erzeugen, wobei ungefähr 10000 g Stearin verbrannt werden, sind daher nur 72,2 g Magnesium erforderlich. Es käme nur darauf an, das Metall in Drahtform zu erhalten und dasselbe in dieser Form durch eine geeignete Vorrichtung zu verbrennen. Beides dürfte leicht zu erreichen sein. Um den Draht herzustellen, braucht man das Metall nur in einem erhitzten stählernen Stiefel, dessen Boden aus einer Platte mit Drahtziehlöchern besteht, mittelst eines Stahlpistons unter *sehr hohem Druck* zu pressen. Eine Vorrichtung zur Verbrennung würde sich gewiss ebenso leicht herstellen lassen, wenn man den auf Bobinen gewickelten Draht mit Hülfe eines Uhrwerks zwischen zwei Walzen, ähnlich wie den Papierstreifen am *Morse*'schen Telegraphen, abwickelte und dessen auf diese Art hervorgeschobenes, gleichmässig fortschreitendes Ende in einer Spiritusflamme verbrennte.

5. Chemische Wirkungen der einzelnen Bestandtheile des Sonnenlichts.

Die chemischen Wirkungen der einzelnen Theile des Sonnenspectrums hängen nicht nur von der Natur des brechenden

---

*) Bei dieser Vergleichung, die nur als eine annähernde betrachtet werden kann, musste das Photometerdiaphragma mit schwach bläulichem Lichte erleuchtet werden.

Mittels, sondern von der Dicke der Luftschicht ab, welche das zu untersuchende Sonnenlicht vor seiner Zerlegung durchstrahlt hat. Da bekanntlich in der Substanz des Glases ein erheblicher Theil der chemisch wirkenden Strahlen ausgelöscht wird, so haben wir bei den folgenden Versuchen nur Linsen und Prismen von Quarz angewandt. Um uns von den Ungleichheiten der atmosphärischen Lichtabsorption so unabhängig als möglich zu machen, wurden die Beobachtungen so rasch hinter einander ausgeführt, dass sich während derselben die Zenithdistanz der Sonne nur wenig ändern konnte.

Zu den Versuchen wurde ein vollkommen wolkenloser Tag gewählt und das directe Sonnenlicht mittelst des aus Spiegelmetall bestehenden Spiegels eines *Silbermann*'schen Heliostaten durch einen engen Spalt in unser dunkles Zimmer reflectirt. Das durch eine Quarzlinse und zwei Quarzprismen erzeugte Spectrum wurde auf einen weissen Schirm geworfen, der mit einer Lösung von schwefelsaurem Chinin bestrichen war, um die ultravioletten Strahlen und die in ihnen vorhandenen *Fraunhofer*'schen Linien dem Auge sichtbar zu machen. Der Schirm war mit einem Spalt versehen, [268] durch welchen nur der zur Untersuchung bestimmte Theil des Spectrums auf das 1 bis 5 Fuss entfernt stehende Insolationsgefäss unseres Instruments geworfen wurde. Auf dem Schirm befand sich eine feine Millimetertheilung, an welcher die Distanzen der *Fraunhofer*schen Linien abgelesen und der zu untersuchende Theil des Spectrums orientirt werden konnte.

Wir sind so glücklich gewesen, zur Orientirung der auf ihre chemischen Wirkungen untersuchten Strahlen die Zeichnung eines Spectrums benutzen zu können, die uns Prof. *Stokes* aus einer noch nicht von ihm publicirten Arbeit mit der freundschaftlichsten Bereitwilligkeit mitgetheilt hat, wofür wir ihm zu grossem Danke verpflichtet sind. Diese Zeichnung, Fig. 18 (s. nächste S.), enthält die durch seine Messungen bestimmten dunkeln Linien und die für dieselben von ihm gewählte Buchstabenbezeichnung. Wir haben dasselbe von der Linie A im Roth bis zu der äussersten von *Stokes* noch beobachteten Linie IV in 160 gleiche Theile getheilt und bezeichnen die Lage und Breite der Lichtbündel, deren Wirkung auf das Insolationsgefäss gemessen wurde, in folgender Weise:

Wäre z. B. die Breite und Lage eines solchen Lichtbündels im Spectrum anzugeben, welches in Fig. 18 von der Abscisse 20,5 bis zur Abscisse 34 reicht, so bezeichnen wir die nach der

Linie A hin liegende Grenze dieses Bündels durch $\frac{1}{3}DE$, und die nach Linie W hin liegende mit $\frac{3}{4}bF$, und die Linie, welche das Bündel in der Mitte halbirt, also die Stelle des Spectrums, auf welche sich die beobachtete chemische Wirkung bezieht, mit »$\frac{1}{3}DE$ bis $\frac{3}{4}bF$«. Die Breite des Lichtbündels, in welcher das Insolationsgefäss vollkommen eintauchte, betrug gegen $\frac{8}{100}$ der ganzen Länge des Spectrums.

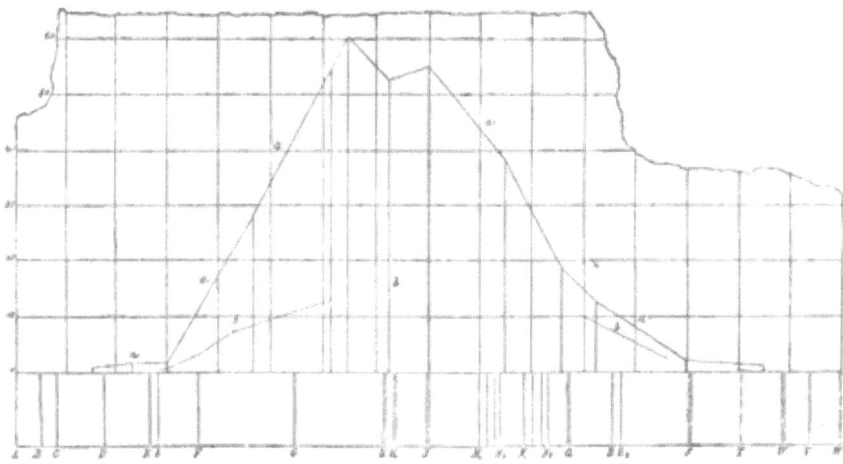

Fig. 18.

Wir lassen zunächst eine Versuchsreihe folgen, welche bei vollkommen heiterem Himmel am 14. August 1857 bei einem Barometerstande von $0^m,7494$ zu Heidelberg ausgeführt wurde. Die erste Verticalspalte giebt die Nummer der Beobachtung in der Ordnung, wie dieselben angestellt [269 wurden; die zweite die Beobachtungszeit in wahrer Sonnenzeit; die dritte die untersuchte Stelle des Spectrums, und die vierte die dieser Stelle entsprechende Wirkung.

I.	II.	III.	IV.
1	$10^h\ 54'$ a. m.	von $\frac{3}{5}GH$ bis J	48,50
2	10 58	von $\frac{1}{3}DE$ bis E	1,27
3	11 4	von C bis $\frac{1}{2}DE$	0,47
4	11 8	von N_1 bis $\frac{3}{4}QR$	18,28
5	11 13	von $\frac{1}{2}RS$ bis $\frac{2}{3}ST$	2,03
6	11 41	von $\frac{3}{5}ST$ bis $\frac{2}{3}UV$	1,27
7	11 47	von $\frac{1}{2}N_1Q$ bis $\frac{1}{3}RS$	11,73
8	11 50	von $\frac{3}{5}ST$ bis $\frac{2}{3}UV$	1,02
9	11 54	von $\frac{4}{5}JM$ bis N_1	37,87
10	11 57	von H_1 bis $\frac{3}{4}JM_1$	57,42

I.	II.	III.	IV.
11	0^h 1′ p. m.	von H_1 bis $\frac{3}{4} JM_1$	52,30
12	0 4	von $\frac{1}{2} GII$ bis II	61,38
13	0 7	von $\frac{1}{5} FG$ bis G	27,64
14	0 16	von $\frac{1}{5} FG$ bis G	28,74
15	0 20	von $\frac{3}{4} DE$ bis F	1,39
16	0 25	von $\frac{1}{3} N_1 Q$ bis $\frac{1}{3} RS$	13,19
17	0 32	von $\frac{1}{3} N_1 Q$ bis $\frac{1}{3} RS$	12,41
18	0 40	von G bis $\frac{1}{3} GII$	53,78
19	0 42	von $\frac{1}{2} GII$ bis II	58,74
20	0 45	von $\frac{3}{5} GII$ bis J	53,9

Berechnet man die am Heliostatenspiegel von der Einheit des auffallenden Lichtes reflectirte Lichtmenge zu Anfang und zu Ende dieser Versuche, so erhält man die Werthe 0,643 und 0,612, welche so wenig von einander abweichen, dass wir die durch die Spiegelreflexion hervorgebrachten Lichtunterschiede ganz vernachlässigen konnten, ohne die Fehlergrenze der Beobachtungen zu überschreiten. Für die Zeit der Beobachtungen am 17. August 1857 giebt die Rechnung folgende Zenithdistanzen der Sonne:

$$\begin{aligned}
\text{um } 10^h\ 54'\ \text{a. m.} &\quad 37°\ 35' \\
\text{»} \quad 12^h\ \ 0' &\quad 35\ \ 13 \\
\text{»} \quad 12\ \ 45'\ \text{p. m.} &\quad 36\ \ 16
\end{aligned}$$

[270] Die zu diesen Zeiten herrschende chemische Intensität der Sonnenstrahlen lässt sich mit Formel (14) berechnen. Sie verhält sich in der Reihenfolge der angeführten Zeiten wie

$$1{,}002 : 1{,}000 : 1{,}016.$$

Auch diese Zahlen variiren nur äusserst wenig. Um indessen den durch diese kleine Aenderung der Lichtstärke herbeigeführten an sich schon unerheblichen Fehler nicht zu vernachlässigen, haben wir sämmtliche Beobachtungen mit Hülfe der Formel (14) auf die am Beobachtungstage um 12^h von der Sonne ausgeübte chemische Wirkung reducirt. Die so corrigirten Beobachtungen geben, wenn man aus den mehrfach bestimmten Zahlen das Mittel nimmt, folgende Werthe:

Nr. d. Vers.	W. Z. ☉	Stelle des Sonnenspectrums.	relative chem. Wirkung.
1	10ʰ 54′ a. m.	von $\frac{2}{5} GH$ bis J	52,7
2	10 58	von $\frac{1}{5} DE$ bis E	1,3
3	11 4	von C bis $\frac{1}{4} DE$	0,5
4	11 8	von N_1 bis $\frac{3}{4} QR$	18,9
5	11 13	von RS bis $\frac{2}{3} ST$	2,1
6	11 41	von $\frac{3}{4} ST$ bis $\frac{2}{3} UV$	1,2
7	11 47	von $\frac{1}{2} N_4 Q$ bis $\frac{1}{3} RS$	12,5
8	11 54	von $\frac{4}{5} JM_1$ bis N_1	38,6
9	12 1 p. m.	von H_1 bis $\frac{3}{4} JM_1$	55,1
10	12 4	von $\frac{1}{5} GH$ bis H	60,5
11	12 16	von $\frac{1}{5} FG$ bis G	28,4
12	12 20	von $\frac{3}{4} DE$ bis F	1,1
13	12 40	von G bis $\frac{1}{5} GH$	54,5

Die gebrochene Linie $aaaa$ Fig. 18 giebt eine graphische Darstellung der relativen chemischen Wirkungen, welche die einzelnen Stellen im Spectrum des nur durch Luft und Quarz hindurchgegangenen Sonnenlichts in völlig reinem Chlorknallgas hervorbringt. Man sieht, dass diese Wirkung mehrere Maxima hat, von denen das grösste bei $\frac{1}{5} GH$ bis H und das darauf folgende bei J liegt, und dass die Wirkung nach dem rothen Ende des Spectrums [271] hin rascher und regelmässiger abnimmt, als nach dem ultravioletten Ende hin.

Die Sonne, welche das Licht zu diesen Spectralversuchen lieferte, stand 35° 13′ vom Zenith entfernt. Denkt man sich die Atmosphäre überall von der Dichtigkeit, welche dem Drucke $0^m,76$ und $0°$ C. entspricht, so ist ihre senkrechte Höhe bei dem während unserer Versuche herrschenden Barometerstande von $0^m,7494$

$$\frac{0,7494}{0,000095084} = 7881 \text{ Meter.}$$

Die Weglänge aber, welche die zu den Versuchen benutzten Strahlen in dieser Atmosphäre durchliefen, ergiebt sich zu

$$\frac{7881}{\cos 35°31′} = 9647 \text{ Meter.}$$

Wir haben bereits in einer unserer früheren Abhandlungen erwähnt, dass die Sonnenstrahlen, welche zu verschiedenen Tageszeiten eine und dieselbe Chlorschicht durchstrahlen, in ihren chemischen Wirkungen keineswegs auf gleiche Weise geschwächt werden. Dies beweist, dass die Strahlen verschiedener chemischer Färbung in verschiedenem Grade von der Atmosphäre ausgelöscht werden. Die mitgetheilten Versuche können daher nur für das Sonnenlicht gelten, welches eine 9647^m dicke Luftschicht von 0° und 0,76 durchstrahlt hat. Für Luftschichten von anderer Dicke muss das Verhältniss, welches zwischen der chemischen Wirksamkeit der verschiedenen Spectralfarben besteht, ein anderes werden. Man wird die Reihenfolge und den Grad der Verlöschbarkeit der chemischen Strahlen bestimmen können, wenn man die Beobachtungen, um die es sich hier handelt, während einer ganzen Tagesdauer von Stunde zu Stunde wiederholt. Die Ungunst der hiesigen klimatischen Verhältnisse, mit der wir in nicht wenig entmuthigender Weise zu kämpfen gehabt haben, hat uns bisher verhindert, auch diese Versuche noch anzustellen. Nur eine höchst unvollkommene Versuchsreihe können wir mittheilen, welche indessen hinlänglich zeigt, dass das Verhältniss, in welchem die chemischen Wirkungen der Spectralfarben zu einander stehen, schon merklich verändert wird, wenn sich die Dicke der durchstrahlten Luftschicht von 9647^m auf nur 10735^m ändert.

Diese Versuche wurden ebenfalls am 14. August 1857 in dem kurzen Zeitraum von 9^h 44′ bis 10° 19′ W. Z. ⊙ angestellt und gaben auf die der Zeit von 10^h entsprechende Zenithdistanz der Sonne (42° 46′) bezogen und in ähnlicher Weise wie die früheren Versuche reducirt, folgende Werthe, die mit einem Lichtbündel von anderen Dimensionen ausgeführt wurden und daher mit den oben gegebenen Werthen nur ihren relativen Verhältnissen nach vergleichbar sind.

I.	II.	III.	IV.
1	9^h 44′	$\frac{3}{5} G H$ bis J	14,5
2	9 48	N_3 bis R_2	10,1
3	9 54	$\frac{1}{10} R_2 S$ bis $\frac{1}{5} ST$	2,4
4	9 59	$\frac{1}{2} ST$ bis U	0,0
5	10 4	G bis $\frac{4}{5} GH$	13,0
6	10 8	F bis $\frac{3}{4} FG$	7,1
7	10 11	b bis $\frac{1}{2} FG$	3,2
8	10 15	$\frac{1}{2} DE$ bis $\frac{3}{4} EF$	0,4

Diese Beobachtungen sind durch die Linie bbb Fig. 18, der, wie schon bemerkt, eine andere Einheit zu Grunde liegt als der Linie aaa, graphisch dargestellt. Aus derselben sieht man, dass das Verhältniss der chemischen Wirkungen des Spectrums von E bis H bei einer Vergrösserung der durchstrahlten Luftschicht von 9647^m auf 10735^m wesentlich verändert wird.

Häufiger wiederholte, mit aller Sorgfalt ausgeführte Maassbestimmungen über die chemischen Wirkungen der homogenen Bestandtheile des Sonnenlichts mit Berücksichtigung der atmosphärischen Extinction dürften in einer Beziehung von ganz besonderem Interesse sein: Wenn es nämlich gegründet ist, was gegenwärtig kaum mehr bezweifelt werden kann, dass das Erscheinen der Sonnenflecke an bestimmte Perioden gebunden ist, und dass in Folge dessen unsere [273] Sonne der Klasse von Fixsternen beizuzählen ist, welche in periodischen Lichtphasen erglänzen, so wird es vielleicht zu unerwarteten Aufschlüssen über die räthselhaften Vorgänge auf der Sonnenoberfläche führen können, wenn man die chemischen Eigenschaften ihrer homogenen Strahlen während der fleckenreichen und fleckenlosen Perioden vergleicht. Ob sich indessen die Grösse der atmosphärischen Extinction wird mit solcher Schärfe ermitteln lassen, dass ein neben den Sonnenflecken möglicher Weise noch vorhandener Lichtwechsel erkennbar würde, darüber könnte freilich nur eine Reihe von Versuchen entscheiden, welche die Kräfte einzelner Beobachter übersteigen.

Bemerkung.

Die »photochemischen Untersuchungen von *Bunsen* und *Roscoe*« verdienen den Namen einer klassischen Arbeit in zweierlei Hinsicht. Einmal haben sie für ihren Gegenstand grundlegend und vorbildlich gewirkt, indem in ihnen die vorher zwar in einzelnen Punkten ermittelten, aber noch nicht systematisch untersuchten allgemeinen Gesetze der chemischen Wirkungen des Lichtes einem ausserordentlich umfassenden und ins Einzelne gehenden Studium unterzogen worden sind, welches als Grundlage und Ausgangspunkt für alle weiteren Forschungen auf diesem Gebiete gedient hat. Sodann aber kann man nicht anstehen, sie nicht nur als *ein* klassisches Vorbild, sondern geradezu als *das* klassische Vorbild für alle späteren experimentellen Arbeiten auf dem Gebiet der physikalischen Chemie zu bezeichnen. Eine gleiche Summe von chemischer, physikalischer und rechnerischer Geschicklichkeit, von Scharfsinn im Ersinnen der Versuche und von Geduld und Ausdauer in ihrer Durchführung, von eingehendster Sorgfalt an jeder kleinsten Erscheinung und ausgiebigstem Weitblick den grössten meteorologisch-kosmischen Verhältnissen gegenüber findet sich in keiner anderen wissenschaftlichen Arbeit auf diesen Gebieten wieder. Dadurch bietet diese Untersuchung eine hohe Schule der Experimentirkunst dar, und es ist, abgesehen von dem eminent belehrenden Inhalt dieser Arbeit, für Jeden, der Sinn und Interesse dafür hat, wie die Bewältigung einer unendlichen Mannigfaltigkeit der Erscheinungen durch angemessene experimentelle Fragestellung vor sich geht, das Studium des Weges, auf welchem *Bunsen* und *Roscoe* in ein ausserordentlich schwieriges Gebiet eingedrungen sind, ein unvergleichlicher intellectueller Genuss.

Die hier wieder abgedruckten Arbeiten sind sämmtlich in *Poggendorff*'s Annalen, und zwar Band **96**, S. 373—394. 1855; **100**, S. 43—88. 1857; **100**, S. 481—516. 1857; **101**,

235—263. 1857; **108**, 193—273. 1859, in den Jahren 1855 bis 1859 erschienen. Nach diesem Original ist der vorstehende textgetreue Abdruck hergestellt. Die einzige Abweichung, welche sich der Herausgeber gestattet hat, ist in den Rückverweisungen der Ersatz der Seiten- und Bandzahlen des Urtextes durch die entsprechenden Daten dieses Neudruckes.

Von der Beifügung fortlaufender erläuternder Anmerkungen hat der Herausgeber absehen zu dürfen geglaubt: nur ein Punkt muss besonders hervorgehoben werden. Die erste Abhandlung der »photochemischen Untersuchungen«, welche in No. 34, S. 1—21, abgedruckt ist, enthält hauptsächlich eine Polemik gegen eine gleichzeitige Arbeit von *Wittwer*, welche nur zum Theil gerechtfertigt ist. So unzweifelhaft es ist, dass die technische Ausführung seiner Versuche zu Bedenken Anlass gab, so ist doch die theoretische Grundlage seines Verfahrens im wesentlichen richtig. *Wittwer* hat seinerseits Pogg. Ann. 97, 304. 1856 und Lieb. Ann. Supplement 4, S. 63, 1865 seine Arbeit vertheidigt, und die spätere Entwicklung der Lehre von dem Verlaufe chemischer Vorgänge hat gezeigt, dass er in der That berechtigt war, in erster Annäherung den relativen Chlorverlust des besonnten Chlorwassers als Maass der chemischen Wirkung des Lichtes zu betrachten.

Im Uebrigen gehören die Abhandlungen zeitlich und inhaltlich so sehr der neueren Geschichte der Wissenschaft an, dass eine Vermittelung, um ihr Verständniss dem heutigen Leser zu erleichtern, nicht nothwendig erscheint. Damit fällt aber das einzige Recht fort, welches der Herausgeber gehabt hätte, sich neben den Verfassern dieser Arbeiten vernehmen zu lassen.

W. Ostwald.